人力资源战略
与规划研究

任鲁建 杨启明 刘丽敏 ◎著

中国出版集团

中译出版社

图书在版编目（CIP）数据

人力资源战略与规划研究 / 任鲁建, 杨启明, 刘丽
敏著. –– 北京：中译出版社, 2023.11
ISBN 978-7-5001-7601-5

Ⅰ. ①人… Ⅱ. ①任… ②杨… ③刘… Ⅲ. ①人力资
源管理－研究 Ⅳ. ①F243

中国国家版本馆CIP数据核字(2023)第211124号

人力资源战略与规划研究

RENLI ZIYUAN ZHANLÜE YU GUIHUA YANJIU

著　　者：　任鲁建　杨启明　刘丽敏
策划编辑：　于　宇
责任编辑：　于　宇
文字编辑：　田玉肖
营销编辑：　马　萱　钟筏童
出版发行：　中译出版社
地　　址：　北京市西城区新街口外大街 28 号 102 号楼 4 层
电　　话：　（010）68002494（编辑部）
邮　　编：　100088
电子邮箱：　book@ctph.com.cn
网　　址：　http://www.ctph.com.cn

印　　刷：　北京四海锦诚印刷技术有限公司
经　　销：　新华书店
规　　格：　787 mm×1092 mm　1/16
印　　张：　10.5
字　　数：　209 千字
版　　次：　2023 年 11 月第 1 版
印　　次：　2023 年 11 月第 1 次

ISBN 978-7-5001-7601-5　　　定价：68.00 元

前　言

随着我国改革开放的不断深入和经济的迅速发展，全球企业的竞争越来越激烈，对企业人力资源管理提出了新的要求和挑战。人力资源战略与规划是企业进行人力资源管理的基础性工作之一。人力资源战略与规划是将企业的经营战略和总体目标转化为现实的人力需求的过程，是各项具体的人力资源管理工作的起点和依据，是今后一定时期内各项人力资源工作得以开展的方向和路标。因此，根据企业所处的环境，客观科学地制定符合企业特点的人力资源战略与规划，在整个人力资源管理活动中占有举足轻重的地位，直接关系到企业经营目标的成败。

本书围绕人力资源管理体系核心模块之一的人力资源战略与规划展开，以人力资源战略与规划的界定、发展历程、目标与地位、基本过程为切入，从人力资源环境分析、人力资源战略的制定与实施、人力资源需求与供给预测、人力资源管理业务的规划、人力资源战略与规划的实践发展方面，构建了一个统一的人力资源战略与规划体系。

本书在写作过程中，得到了许多专家、学者的帮助和指导，编者在此表示诚挚的谢意。由于笔者水平有限，加之时间仓促，书中所涉及的内容难免有疏漏之处，希望各位读者多提宝贵的意见，以便笔者进一步修改，使本书内容更加完善。

作者

2023 年 9 月

目　录

第一章 人力资源战略与规划概述

第一节 人力资源战略与规划的界定

一、认识人力资源

（一）人力资源的基本概念

按照逻辑从属关系，人力资源从属于资源这一范畴，是资源的一种具体形式。《现代汉语词典》（第7版）对"资源"的解释是，生产资料或生活资料的天然来源。从经济学角度，人们一般将资源分为四大类：自然资源、资本资源、信息资源和人力资源。自然资源指用于生产活动的一切未经加工的自然物质，如土地、森林、矿藏等。资本资源指用于生产活动的一切经过加工的自然物质，如资金、机器、厂房、设备等。信息资源指对生产活动及与之相关的其他活动的事物描述的符号集合。

人力资源是指包含在人体内的一种生产能力，它是表现在劳动者身上的、以劳动者的数量和质量表示的资源，它对经济起着生产性的作用，使国民收入持续增长。它是最活跃、最积极的主动性的生产要素，是积累和创造物质资本、开发和利用自然资源、促进和发展国民经济、推动和促进社会变革的主要力量。复旦大学教授郑绍濂认为，人力资源是指企业组织内外具有劳动能力的人的总和。

（二）人力资源的基本特征

与其他资源相比，人力资源的特征主要表现在以下几个方面。

第一，人力资源具有能动性。能动性是人力资源区别于其他资源的最根本的特征。与其他资源相比，人力资源是唯一能起到创造作用的资源，人力资源能够积极主动地、有意识地、有目的地认识世界和利用其他资源去改造世界，推动社会和经济的发展，因而在社会发展和经济建设中起着积极和主导的作用。人力资源的能动性具体体现在人能够接受教育或主动学习以丰富自己的知识、提高自己的技能，能够自主地选择职业，更重要的是人力资源能够发挥主观能动性，有目的、有意识地利用其他资源进行生产，能够不断地创造新工具、新技术，推动社会和经济的发展，推动人类文明的进步。

第二，人力资源具有两重性。人力资源的两重性是指人力资源既是生产者，又是消费者。人力资源的生产性是指人力资源是物质财富和精神财富的创造者，为人类或组织的生存和发展提供条件。人力资源的消费性是指人力资源需要消耗一定的物质财富，维持自身的生存和发展。同时，消费性也是人力资源自身生产和再生产的条件。

第三，人力资源具有时效性。人力资源的时效性可以从两个方面来理解。一方面，人的自然生命一般包括婴幼儿期、少年期、青壮年期和老年期，不同的时期人力资源的可利用程度不同。从个体成长的角度来看，对人力资源的使用也要经历培训期、试用期、最佳使用期和淘汰期的过程。另一方面，人力资源所拥有的知识、技能等要素相对于环境和时间来讲是有时效性的，如果不及时更新就难以满足不断变化的要求。人拥有的知识技能如果得不到使用和发挥，也可能过时，或者使人的积极性降低。人力资源管理过程要尊重人力资源的时效性特征。

第四，人力资源具有再生性。整个资源可分为可再生性资源和不可再生性资源两大类，人力资源是一种可再生性资源，人力资源的再生性基于人口的再生产和劳动力的再生产，通过人口总体内各个个体的不断替换、更新、恢复，以及"劳动力耗费—劳动力生产—劳动力再次耗费—劳动力再次生产"过程得以实现。人力资源在使用过程中除了遵循一般的生物学规律外，还受人类意识的支配和人类活动的影响，即人们可以通过不断学习、积极工作、积累经验和充实提高，做到自我更新、自我丰富以及持续的自我开发。

第五，人力资源具有社会性。人力资源的社会性是指人是社会人。从宏观层面看，人力资源的获取与配置要依赖于社会，人力资源的配置与使用从属于社会分工体系，从微观层面看，人类的劳动是社会性劳动，不同的个体参与社会经济活动中的社会分工。这些构成了人力资源社会性的客观基础。另一方面，人生活在社会与群体之中，每个群体或民族都有自身的文化特征和价值取向，这些都会通过群体中的个人表现出来。个体不同的价值观会影响到个体在社会活动中的行为。另外，因为人是社会人，除了追求经济利益，人还要追求社会地位、声誉、精神享受以及自我价值实现等多重目标的实现。在实现这些目标的过程中，个体能力和潜能的发挥不仅会带来生产力的提高和社会经济的发展，而且会产生社会性的外部效应，如人的素质的提高会提高社会文明程度，能够使人有意识地保护并改善自然环境等。因此，从本质上说，人力资源是一种社会性资源。

二、人力资源战略的概念及特征

(一) 人力资源战略的概念

战略 (Strategy) 一词源于希腊语 Strategos，意为军事将领、地方行政长官，后来演变成军事术语，指军事将领指挥军队作战的谋略。进入现代社会，战略的含义从军事领域逐渐扩展到政治、经济、社会、技术等各个领域，并得到广泛的应用。尤其在近代市场经济空前繁荣，面对瞬息变幻的市场环境和激烈的竞争，企业也引入了战略概念，目的就在于未雨绸缪，明确方向，以立于不败之地。

人力资源战略管理就是系统地将人与组织联系起来的、统一性和适应性结合起来的人力资源管理，它是指组织为了达到目标，对人力资源各种部署和活动进行计划的模式，即为企业能够实现目标所进行和所采取的一系列有计划、具有战略意义的人力资源部署和管理行为。

(二) 人力资源战略的实质特征

虽然理论界对于人力资源战略的内涵界定还存有争议，但对于其实质特征的认识却比较趋同。

归纳起来，人力资源战略的实质特征有以下几个方面。

第一，全局性。人力资源战略是站在全局的角度，谋划人力资源发展的总体规律和思想观念，它制约着有关人力资源发展的各个方面。人力资源战略的全局性决定了人力资源战略要展望企业整体的发展和规划各个局部之间的关系。人力资源战略不包括局部和具体的问题，只包括那些足以影响企业整体发展的因素，但如果是某个局部或具体因素的改变足以影响到全局，甚至对全局具有决定性意义，那么这一关键因素也应被纳入战略考虑的范围。

第二，长期性。人力资源战略的着眼点应该是人力资源主体系统未来相当长的时期内的发展问题，而不是眼前的或短期的发展问题。这里就要处理好短期利益与长期利益的矛盾。有些问题眼前看起来是有利的，而长远看起来却是应该舍弃的，这就要求战略的制定必须高瞻远瞩，具有前瞻性，既能立足现实，又能着眼于未来，兼顾长期和短期利益，寻求持续和平稳的发展态势。一般来说，长期的人力资源战略应以 5~10 年为宜，而短期的人力资源战略则应以 3~5 年为宜。

第三，重点性。影响和制约人力资源发展的因素很多，但是具有关键作用的因素却是为数不多的，对于每一个关键要素，都要进行深入细致的分析，以达到发挥优势和回避劣势的目的。人力资源战略的重点性实质上就是要抓住人力资源发展过程中的主要矛盾的主要方面，即关键因素，包括关键的问题、关键的系统、关键的层次、关键的环节和关键的时期等。

第四，层次性。人力资源战略具有层次性，有两个方面的含义：一是整体与局部是相对的概念，例如，车间人力资源体系对于本系统来讲是全局，可是对于更高层次的企业系统来讲就只是局部，不同层次的人力资源系统都应有与其规模和职能相应的人力资源战略；二是作为一个人力资源系统来讲，人力资源战略本身也具有层次性，既有总战略，也有子战略，还有单元战略。

第五，发展性。人力资源战略既然有长期性，同时也就决定了它具有发展性。发展才是硬道理：不论哪一个层次的人力资源战略，都要体现出"发展"的内涵，发展的观念要贯穿人力资源战略制定的始终。要求战略的制定和选择要根据现有资料，综合考虑各种可能和将要发生的情况，识别机遇和挑战，在尽可能回避风险的同时抓住机遇，实现战略的发展目标。

第六，指导性。人力资源战略指明了人力资源主体系统在一定时期内的发展方向和目标以及要实现目标所应执行的途径和对策，从而指导人力资源整体的发展。人力资源战略的指导性要求战略的用词要准确适当，不能模棱两可。对于具体问题要态度明确，观点统一，以防不同部门利益掣肘。

第七，适应性。人力资源战略虽然可以指导人力资源的发展，但是战略势必要受到不断变化的外界环境和人力资源自身条件的影响和约束。因此，人力资源发展战略必须具有适应性，既能够适应外部环境的变化，又能够适应人力资源内部各种条件的需要，即在战略制定中应该根据环境的变化，因地制宜、实事求是地制定适合企业自身成长的战略。

第八，稳定性。尽管人力资源发展的外部环境和内部条件可能时时都在发生变化，但是人力资源战略一旦制定之后，却要在总体上保持相对的稳定性。只有相对稳定，才能从长计议。朝令夕改，势必迷失方向。当然，总体的相对稳定性并不排除局部的动态调整。也就是说，战略的制定在具有稳定性的同时，还要具有一定的弹性，以适应各种可预见的环境变化的考验。

(三) 相关概念辨析

1. 组织战略与人力资源战略

企业战略涉及组织总体目标的设立与设立的背景依据，以及实现总体目标的政策、措施和手段。所以，组织战略目标的实现，依赖于在利用组织内外一切可利用的资源（特别是人力资源）的基础上，采取特定的政策、措施和手段，达到最大的经济和社会效益。因此，人力资源战略与规划，是组织战略及其目标实现的保证和基础。

就相似处来说，首先，组织战略和人力资源战略都是组织战略管理框架下的内容，都属于组织层面的管理实践，对各自领域中具体的管理职能，以及短期的计划和活动具有统领与指导作用；其次，组织战略和人力资源战略，都是组织在特定环境背景下，所确定的未来相对较长的特定时期内的预期目标，以及实现该目标的整体路线图和具体措施；最后，组织战略与人力资源战略的目的是一样的，即两者的目的都是发展组织的核心竞争力以获取组织的竞争优势，以及实现组织的可持续发展。

从不同之处来说，首先，两者的内容不同，组织战略从使命和愿景出发，制定的是未来特定时期内的发展蓝图，而人力资源战略则是组织战略实现过程中的一个管理职能战略，与其他职能战略共同构成组织战略整体；其次，两者的范围领域不同，组织战略对组织总体发展和所有管理职能战略具有聚焦与统领作用，而人力资源战略仅仅对组织人力资源实践活动起统领和指导作用；最后，两者的主次性不同，通常，组织战略是组织人力资源战略制定的依据之一，人力资源战略必须支撑组织战略的实现，尽管组织所具备的人力资源优势在一定程度上会影响组织战略，但总体上，人力资源战略一般服从于组织战略。

2. 人力资源战略与战略性人力资源管理

战略性人力资源管理的思想萌芽于 20 世纪 70 年代末，随后不断得到学者们的关注，进入 21 世纪后，战略性人力资源管理成为人力资源研究中的一个重要领域。由于人力资源战略与战略性人力资源管理两个概念的相似性，近年来，这两个概念普遍被人们混淆。然而，这两个概念之间既相互关联，也存在差异。

（1）人力资源战略与战略性人力资源管理的差异。

一是内涵与特点不同。战略性人力资源管理就是把人力资源实践活动与业务战略联系起来的过程。这个过程包括识别实施业务战略所需要具备的人力资源能力和保障这些能力而专门设计的政策与实践做法。

二是内容不同。战略性人力资源管理所关注的焦点与核心是人力资源管理实践和企业战略的匹配及结合，其目的是将企业战略及其业务战略转化为组织能力和人力资源管理的日常运作。而人力资源战略是为组织管理人员在重点次序、活动、时间及资源分配等方面达成一致提供依据。

三是管理层次不同。战略性人力资源管理的基本任务就是通过有效的人力资源管理和开发，帮助企业迎接内外环境的挑战，创造价值，并确保获取持续竞争优势。那么从某种程度上来说，组织的高管人员要首先具备战略性理念，要结合组织内外的环境因素，确定对本组织的竞争力与成功最为重要的问题，使组织的人力资源管理活动和企业战略相匹配与协调。而人力资源战略是各级管理人员及人力资源职能人员一起确定和解决与人相关的企业问题的过程。通过这个过程，帮助各级管理人员建立活动的重点次序以及确定如何实施人员管理的愿景。

四是控制体系与重点不同。战略性人力资源管理控制系统更注重战略管理中各相关变量之间的相互作用及相互影响，从而使整个人力资源管理体系既对外部环境与企业内部状况做出反应，又反过来塑造与影响外部环境和人力资源管理体系的状态及路径。

（2）人力资源战略与战略性人力资源管理的联系。

就相同点来说，首先，两者的目的一致。战略性人力资源管理与人力资源战略都是通过"人力资源管理实践—以员工为中心的结果—以组织为中心的结果—竞争优势"的方式直接或间接地为企业获取最终效益。其次，两者的管理对象相同。两者都是针对与人力资源有关的问题做出的行动。

就相互关系来说，首先，战略性人力资源管理与人力资源战略在内容上具有一定的交叉和相互促进关系。战略性人力资源管理包括人力资源战略，指导人力资源战略的制定与动态调整。只是人力资源战略更为细化，具体到人力资源管理活动的具体安排与做法。人力资源战略的制定、实施与控制的好坏直接影响到战略性人力资源管理理念的执行和最终目的的实现。其次，两者都具有开放性与动态性。无论是战略性人力资源管理，还是人力资源战略，都离不开对组织内外环境变化的研究。随着组织及其所面临环境的变化，两者都处于不断发展、变化与创新之中。同时，两者还强调与企业战略的协调性，以及战略自身的内在整合性。

三、人力资源规划的相关知识

（一）人力资源规划的概念理解

《现代汉语词典》（第7版）对"规划"一词的解释是，规划作为名词的释义是指比较全面的、长远的发展计划；规划作为动词的释义是做规划。人力资源规划也称人力资源计划。

人力资源规划是指在企业战略的指导下，根据人力资源供需分析，将宏观的人力资源战略转化为在未来一个时期实用的、可指导管理职能活动的人力资源行动计划的过程。

理解人力资源规划这个概念应把握三点。

第一，组织的战略目标是人力资源规划的基础。制订人力资源规划的目的是实现企业的战略目标，任何组织的成功都依赖于在合适的时间有合适的人员在合适的岗位上。在现代社会中，人力资源是企业最宝贵的资源，拥有充足数量和良好素质的人力资源，是企业实现战略目标与可持续发展的关键。

第二，人力资源规划是对人力资源战略的进一步延伸，它随人力资源战略变化而变化。人力资源战略规定了企业人力资源管理与开发的方向，战略内容发生变化，紧随其后的人力资源规划就要及时变化，适应战略的调整，以促进人力资源战略落实。

第三，人力资源规划的主要工作是制定政策和措施。只有制定出正确、清晰、有效的人力资源政策和措施，如有竞争力的薪酬政策、有吸引力的培训开发政策、公开透明的考核政策、有针对性的激励措施等，才能确保组织人力资源战略的实施，从而推动组织发展目标的实现。人力资源业务规划是人力资源战略规划的展开和具体化，是一系列可指导管理职能活动的规划方案的组合，其执行结果应能保证人力资源战略规划目标的实现。具体包括招聘配置规划、培训规划、企业对员工的职业生涯规划、薪酬福利规划和人员流动与缩减规划等。

（二）人力资源规划的主要特点

1. 动态性

人力资源规划的本质在于对企业人员的需求和供给进行动态的预测和决策。它以组织的战略目标为基础，如果组织的战略目标发生改变，人力资源规划也要随之变化，表现出动态性。对于企业来讲，也就是意味着人力资源规划要能够预测企业长期的人力资源需求和内外部的供给，确保企业在规划期内在重要的岗位上获得所需的合适人员，实现企业的发展战略，同时满足员工个人发展的要求。面对日新月异的信息和技术革命、复杂多变的市场需求，企业必须适时调整经营理念和管理措施，改变对于人力资源规划的一些旧观念，不能再把人力资源规划理解为简单、静态的信息收集和相关的人力资源政策的设定工作，而应该把人力资源规划看作一个动态的过程经常加以关注。

2. 系统性

作为一种战略规划，人力资源规划所考察的对象是企业中最重要的资源，涉及企业经营的方方面面，是一个紧密联系的复杂系统，具有系统性的特点。为了企业良性运转，必须使企业以人力资源为中心的各项工作处于相互协调的状态中，同时人力资源规划必须与企业的经营战略保持一致。一方面，要为企业的整体战略服务；另一方面，要与企业各个层次的经营计划相互协调、保持平衡。所以，系统性是人力资源规划的重要特点。从系统论角度看，系统性的特点要求人力资源部门要能够统筹全局，综合分析，提出科学的规划思路，要考虑全方位、整体性，从各个层面、各个维度考察在企业全面管理中的人力资源管理，立足全局，着眼于长远发展，摆脱各种落后观念的束缚，制订出驾驭整体和指导全局的系统性人力资源规划。

3. 超前性

规划的性质本身就决定了它的超前性，人力资源规划也是这样一种超前性规划。它为企业将来的人力资源管理活动指明了方向，提供了指导。企业如果希望取得人力资源管理上的成功，则需要通过人力资源规划来帮助确定其人力资源管理政策、系统和实践。作为超前性规划，人力资源规划需要把握未来，预见趋势，未雨绸缪，超前决策，在外部变化到来之前，预计可能出现的各种情况并做出权变的对策。为了实现超前性规划，人力资源规划者必须依靠团队智慧对未来发展趋势和规律进行科学把握，而不能仅凭个人经验和直觉。尤其对中长期人力资源规划来说，涉及时间较长，可变因素很多，不确定因素很多，而中长期人力资源规划的作用和影响也比短期人力资源规划的作用深远。这就需要人力资源管理者加强超前性战略思考和做好可行性论证，对可能出现的问题、后果和对策进行充分估计。

4. 独特性

不同企业应该根据自身特点制订符合自身发展需求的人力资源规划，也就是要有独特性。具有独特性的人力资源规划要满足各自企业不同发展战略产生的独特需要，尤其要满足企业内不同层次、不同个性员工的需要，要满足员工独特的物质利益和精神需要。面临激烈的市场竞争，每个企业都必须打造符合自身独特优势的人力资源规划和人力资源管理策略，才能应对挑战并实现自己的战略目标，才能在市场竞争中拥有坚实的人力资源基础，强化员工的心理契约，获取和保持长期的竞争优势。

(三) 人力资源规划的类别划分

企业人力资源规划的种类繁多，根据不同标准可划分出人力资源规划的不同种类。总体来讲，大致可以从规划的时间、规划的范围和规划的性质上来划分，企业可以根据实际需要灵活选择。

1. 基于规划时间分类

从规划的时间上，人力资源规划可分为三种：短期规划一般为6个月至1年；长期规划为3年以上；中期规划介于二者之间。企业人力资源规划的期限长短，主要取决于企业环境的确定性、稳定性，以及对人力资源素质高低的要求。如果经营环境不确定、不稳定，企业对人力资源的素质要求不高，可以随时从劳动力市场补充所需劳动力，则企业就可以制订短期的人力资源规划；反之，企业就必须制订较长期限的人力资源规划。

国外的实践表明，规模较小的企业不宜拟订详细的人力资源规划，因为其规模小，各种内外环境对其影响大，规划的准确性较差，规划的指导作用往往难以体现。另外，小企业规划成本较高也是其缺少适应性的原因之一。

2. 基于规划范围分类

从规划的范围上，企业的人力资源规划可分为企业总体人力资源规划、部门人力资源规划、专项任务或工作的人力资源规划。企业总体人力资源规划是有关计划期内人力资源开发利用的总目标、总政策、实施步骤及总体预算的安排，它与企业的战略直接相关，是实现企业战略目标的人力资源保证；部门人力资源规划为总体人力资源规划的目标的细分规划，为总体人力资源规划在各个部门的分解，是有关部门的人力资源开发利用的目标、政策、实施步骤及部门预算的安排；专项任务或工作的人力资源规划主要包括人员补充计划、人员使用计划、人才接替计划及提升计划、教育培训计划、薪资计划、劳动关系计划等，是总体规划的展开和具体化。

3. 基于规划性质分类

从规划的性质上，可分为战略性人力资源规划和战术性人力资源规划。前者具有全局性和长远性，通常是人力资源战略的表现形式；后者一般指具体的、短期的以及具有专门针对性的业务计划。

（四）人力资源规划的目标与原则

1. 人力资源规划的目标

概括来讲，人力资源规划的主要目标是为企业人力资源的开发与利用提供战略指导。具体而言，人力资源规划所要实现的目标主要有以下四个。

第一，规划企业未来一段时间的人力发展。人力发展包括人力资源供给预测、人力资源增补及人员培训，这三者相互联系、密不可分。人力资源规划一方面对目前企业人力资源现状进行分析，以了解人事动态；另一方面对企业内外未来人力供需做一些预测，以通盘考虑企业人力资源的增加或减少，据此制订人员增补和培训计划。所以，人力资源规划是企业人力资源发展的基础和保障。

第二，合理分配人力资源。相当多的企业存在人力资源分配不合理的现象。例如，一些员工承担过多的工作任务，而另一些员工则工作过于简单和轻松；也有一些员工能力有限，不能胜任目前岗位工作，而另一些员工则感到能力有余，未能充分发挥。人力资源规划可改善人力资源分配不均的状况，进而谋求合理化，以使人力资源配合组织的发展需要。

第三，配合业务和组织发展的需要。业务和组织的发展需要具有不同能力和素质的员工。而且，在业务和组织发展的不同时期，对人力资源数量、能力和素质的要求也不同，而人力资源规划可以协助组织适时、适量及适质地获得所需的各类人力资源。

第四，降低用人成本。人力资源规划可对现有的人力资源数量、质量、层次及结构做一些分析，并找出影响人力资源有效运用的瓶颈，使人力资源效能充分发挥，降低人力资源在成本中所占的比率。

2. 人力资源规划的原则

一是战略性原则。人力资源规划是企业在一定时期内指导和规范人力资源管理工作的纲领性文件。因此，人力资源规划的制订必须始终贯彻企业战略的思想，从战略高度思考和谋划人力资源队伍发展和人力资源管理工作的全局。这就要求人力资源规划要具有长期的稳定性、科学的预见性和较强的适用性，把人力资源规划建立在对人力资源活动发展规律的正确把握和对企业内外环境发展变化的准确判断基础之上，以使得人力资源规划在执行过程中能最大限度地适应环境变化，及时做出调整。

二是系统性原则。系统性原则要求把人力资源规划工作视为一项系统工程来看待，以企业整体目标的优化为目的，同时厘清各子系统之间具有的内在联系，协调整个人力资源规划方案中各个组成部分的相互关系，以保证后续人力资源管理各项工作能够顺利进行。因此，在制订人力资源规划时，应该将每个具体规划的特性放到大系统的整体中去权衡，从整体着眼，从部分着手，统筹协调，达到整体的最优化。

三是服务性原则。人力资源规划本身是人力资源战略的具体文本化，而人力资源战略又是企业总体发展战略的一部分。因此，人力资源规划不能独立于企业发展战略之外，而是要服从和服务于企业的总体发展要求和总战略，为实现企业既定的目标提供强有力的人力资源保障和支撑。如果说企业发展规划是一级规划，那么人力资源规划就是二级规划。要根据企业战略实施的路径和发展的不同阶段，分别制订出相应的人力资源具体规划和对策措施。

四是人本性原则。人是管理对象中唯一能动的资源要素，是企业生存和发展的决定性因素。对人管理的成败关乎企业的命运。人本性原则就是要求在人力资源规划的制订和实施过程中，坚持以人为本的理念，在注重企业目标实现的同时，关注员工的全面发展。通过规划加强对员工行为的规范、培训、引导和激励，把个人的成长目标和企业的目标统一起来，实现双赢。一要遵循人力资源个体成长规律、群体配置规律和人力资源市场交换规律；二要尊重员工个性，了解员工需求，调动员工积极性；三要激发员工的创造力，发挥员工的作用，实现其个人价值；四要建立良好的企业文化和民主管理的氛围，凝练共同的价值观，提升员工的认同度，增加员工的归属感，使员工与组织得到共同发展。

五是动态性原则。面对不断变化的企业内外环境，必须果断放弃陈腐的静态规划观念，将人力资源规划看作一个动态的过程，加以动态性管理。人在不断地成长，企业在不断地发展，因此，人力资源规划也要不断更新观念，不断充实和完善。这就要求人力资源规划的制订要在保证主体稳定的前提下，具有一定的灵活性和可扩展性，只有这样才能不断地促进企业和人的全面进步。

（五）人力资源规划的主要内容

人力资源规划包括总体规划和各项业务规划两个层次。其中，总体规划包括人力资源管理制度规划与组织评估调整规划，各项业务规划包括配置与补充规划、教育与培训规划、绩效与薪酬激励规划及人员流动控制规划等方面。

1. 人力资源总体规划

（1）人力资源管理制度规划是指企业在计划期内对人力资源管理制度建设的程序、制度化管理的内容进行设计。

（2）组织评估调整规划是指根据企业的经营目标与发展战略，通过人力资源管理子系统，及时对组织的结构、人员配备等进行调整和评估。

2. 人力资源各项业务规划

（1）配置与补充规划的目的是优化人力资源结构，满足企业人力资源的数量和质量要求，改善人员素质结构及绩效，同时合理填补企业在一定时期内可能出现的岗位空缺，避免因岗位空缺而出现断层。

（2）教育与培训规划是指通过拟定培训项目，提高企业员工的素质和技能水平，转变员工的工作态度和作风。

（3）绩效与薪酬激励规划。绩效激励规划的目的是提高员工与组织的绩效，增强组织凝聚力，改善企业文化。薪酬激励规划的目的是确保未来的人工成本不超过合理的支付限度并建立一套具有激励力、富有挑战性的薪酬体系，从而调动员工积极性。

（4）人员流动控制规划对于协调员工关系，增进员工沟通，减少投诉和不满有重要作用，同时有利于降低劳务成本，提高工作效率。

（5）人员晋升规划是企业根据组织需要和人员分布状况，来制订员工的提升方案。晋升不仅是员工个人利益的实现，也意味着工作责任和挑战的增加，它会使员工产生一种能动性，使企业组织获得更大的利益。

（6）员工职业生涯规划是对员工在企业内的职业发展做出的系统安排。通过职业生涯规划，能够把员工个人的职业发展和组织需要结合起来，有利于减少核心人才的流失。

（7）劳动组织规划主要是处理劳动纠纷，解决员工矛盾，以建立和谐的员工关系。

（8）劳动卫生与安全生产规划主要是防止劳动安全事故的发生，确保劳动者的健康和安全。

（9）员工援助计划主要是使员工从纷繁复杂的个人问题中解脱出来，减轻压力，维护心理健康。

（六）人力资源规划的功能及影响

1. 人力资源规划的功能

第一，企业战略规划的重要组成部分。人力资源规划是企业整体规划和财务预算的有机组成部分，是企业战略规划的核心内容，在人力资源管理中具有统领与协调作用。人力资源规划是关系企业和员工发展的长期的、战略性的计划决策，是人力资源战略指导思想和企业战略发展方向的具体体现，为企业的竞争计划和发展提供了坚实的基础。企业根据战略目标、自身人力资源状况和人力资源市场发展状况制订的人力资源规划，可以帮助企业确定未来工作目标，减少不确定性的威胁，降低企业经营活动的风险，而且可以将资源集中到与组织目标相一致的经营活动中，使目标更容易实现。

第二，实现人力资源管理职能的保证。人力资源规划是人力资源管理各项职能实现的信息基础，可以使企业及时预见未来人力资源的潜在问题，为各种人力资源活动提供准确的信息和依据，从而保证人力资源管理职能在未来变幻莫测的环境下也能有效地运行。例如，对于人力资源的招聘选拔来说，人力资源规划规定了招聘和挑选人力资源的目的、方法和原则；对于人力资源的使用来说，人力资源规划可以改善人力资源分布不均衡状况，控制企业现有结构人员匹配中知识、技能、个性、年龄、性别等方面的种种不合理配置，促进人力资源的合理使用，降低用人成本。可以说，人力资源规划的成败直接关系着人力资源管理工作整体的成败。一个企业如果没有制订一个科学细致的人力资源规划，它在人力资源政策上就有可能出现较严重的问题，人力资源管理职能就得不到充分的实现。

第三，企业管理的重要依据。在企业管理的过程中，如果不能事先为各个经营阶段提供所需要的人力资源，企业就有可能出现人力资源短缺或者过剩，企业经营战略和企业生产经营活动就有可能受到影响，甚至导致企业经营战略的失败。人力资源规划为各项企业管理活动所需的人力资源的数量、质量和结构提供了依据，并成为人力资源政策的具体体现和制定依据。企业实际的人力资源发展状况受人力资源管理政策的影响极大，而企业的人力资源管理政策应该依据人力资源规划来制定，否则所制定出的人力资源管理政策不仅满足不了企业发展所需要的人力资源，而且还会使企业其他的管理目标难以实现。

第四，确保企业对人力资源的需求。目前，人力资源已经成为在市场经济条件下决定企业成败的关键因素，企业为了实现自己的经营战略目标，需要在企业实现经营战略目标的每个阶段都拥有与完成企业经营战略目标相适应的人力资源。任何一个希望能够在市场经济条件下获得生存和发展的企业，为了确保能够如期满足企业对人力资源的需求，都必须制定正确、必要的人力资源开发政策和措施，也就必须进行科学的人力资源规划工作。人力资源规划的功能就体现在当企业环境的变化给企业带来人力资源供需的动态变化时，人力资源规划就可以对这些动态变化进行科学的预测和分析，并通过招聘、晋升、调配、培训和补偿等切实可行的措施，以确保企业短期、中期和长期的人力资源需求。

第五，节省人工成本。从发展趋势看，随着人力资源价值的不断被认可和开发，人工成本在总成本中的比重是不断上升的，而人力资源规划通过各种措施可以节省人工成本。人工成本中最大的支出是工资，而影响工资总额的主要因素是企业中的人力资源的配置情况。人力资源的配置状况包括企业中的人员在不同职务、不同级别上的数量状况。一般来说，企业如果不做人力资源规划，其未来的人工成本是难以确知的，而且随着企业规模的扩大，人员数量的增加和职务等级水平的上升，工资水平的上升，人工成本也会增加，这必然会影响到企业的利润，甚至可能会超过企业的承受能力，影响企业的长期发展。因此，为了企业的长期利益，人力资源规划需要在预测未来发展的条件下，有计划地调整人力资源配置不平衡的状况，寻求人力资源的合理化使用，把人工成本控制在合理的范围内，从而提高企业的劳动效率。

第六，调动员工积极性。优秀的人力资源规划可以极大地调动员工的积极性。人力资源规划通过合理的人员招聘规划、培训规划，可以让员工找到适合自己的岗位，充分发挥自己的潜能，通过晋升和职业生涯规划，员工可以看到自己的发展前景，从而去积极地创造条件努力争取。以人力资源缩减规划为例，也可以看出人力资源规划对于调动员工积极性的作用，因为对于有些被迫或主动离开的员工来说，其表面上看来是因为企业无法提供优厚的待遇或者晋升渠道，但其实这也表明了人力资源规划的空白或不足。因为能提供有竞争力的薪酬和福利来吸引人力资源的企业毕竟是少数。在目前的环境下，市场上存在更多的是缺乏资金、步履维艰的中小企业，它们是无法为员工提供高额薪酬回报的。但是仍有些企业能吸引到优秀人力资源并迅速成长，是因为他们充分考虑到了员工需求，着力营造企业与员工共同成长的文化氛围，通过规划企业的美好愿景，让员工对未来充满信心和希望，让员工愿意与企业同甘共苦、共同发展。

2. 人力资源规划的影响

人力资源决策必须成为更广泛的组织计划架构的一个有机组成部分，而人力资源规划正是架在更广泛的组织计划与具体人力资源活动选择之间的一座桥梁。一般而言，人力资源规划可以在组织的环境层面、组织层面、人力资源部门层面、人力资源数量层面以及具体的人力资源管理活动层面等五个层面上发挥影响作用。

（1）环境层面。

一个组织的人力资源决策会在不同程度上影响组织在社会上的地位和声望。企业的人力资源管理决策可以直接影响企业的生产安全性、公共关系、劳动法规的执行、就业等情况，进而影响政府对企业的等级评定、社区的态度和看法等战略环境。企业的人力资源决策还可能间接地影响一些财务指标如股票价格、债券评级等。虽然公司的人力资源管理决策对股票价格、债券等级等财务指标的影响要相对弱一些，但在美国，市场分析人员确实对 IBM、福特、通用汽车等大公司的降低劳动力成本或改变公司组织结构等人力资源管理方面的决策极为关注，而且有研究表明，证券市场会对公司的人力资源管理决策做出反应。

（2）组织层面。

人力资源规划在组织层面上的影响主要是，致力于把组织结构、组织文化和管理理念等与企业的战略目标有机结合起来，使它们相互配合，保持一致，以利于组织目标的实现。例如，在一年之内使所有员工接受公司的组织理念和公司文化，使组织的管理层级和组织结构与成本领先战略或差异化战略相互协调，在两年之内开发出三种新产品，在三年之内使公司利润水平增长 20% 等，这些都属于组织层次的人力资源规划可设定的目标。在组织中，人力资源经理是其他部门的业务伙伴，他们必须考虑公司的盈亏，并与战略制定者相互配合。一般来说，组织是指整个企业，但在大型企业或分权化组织中，人力资源规划的组织层面也可以是一个部门、一个地区、一个利润中心或者一个分公司。

（3）人力资源部门层面。

这一层面的计划主要是把组织的整体目标转化为人力资源管理部门具体活动的目标。典型的决策包括人力资源管理部门将如何为组织的业务发展服务，人力资源部门将使用多少资源，人力资源部门的重点努力方向，等等。例如，三个月内实施招聘计划，在一年之内进行两次高层管理人员的管理技能培训。人力资源规划在部门层面上的计划有时可以用成本的降低来描述，例如，通过设计相应的政策来鼓励员工提前退休，以降低企业成本。

一般而言，人力资源管理部门层面的计划应当与企业的组织结构、管理理念、企业文化、市场定位及生产方式互相适应。对于那些容易遭遇人才短缺的企业，需要人力资源管理部门在外部招聘和员工保持方面发挥重要作用；对于那些员工过剩的传统制造型企业，需要人力资源管理部门强化公平的内部激励机制，同时保留最有价值的员工；那些强调组织文化的企业则希望人力资源管理部门能够加强与员工的交流，了解并引导员工的需求。

虽然企业的整体目标与人力资源管理部门的工作具有密切的关系，但在有些情况下，即使人力资源管理是成功的，整个企业的目标也可能没有很好地实现。因此，我们判断人力资源管理工作是否有效，需要考虑人力资源管理部门的作用和活动安排是否适当，以及人力资源管理部门是否在做有创造价值的工作。

（4）人力资源数量层面。

一旦制订了人力资源部门层面的计划，接下来的工作就是考虑组织所使用的人力资源的数量及其任用问题。这一层面上的人力资源计划需要考虑三个问题：分析人力资源的需求，分析人力资源的供给和协调人力资源的供需缺口。这一层面的典型决策包括人力资源供给和需求预测、需要弥补的缺口大小等，如半年之内把公司总部的行政人员削减20%，并把他们充实到销售部门。

人力资源计划中的需求分析描述的是企业未来的人力资源需求。在传统的人力资源管理中，这种需求用每一个工作岗位所需要的员工人数来表示。但是，随着工作结构的迅速变化、工作执行单位的团队化以及组织越来越强调员工的能力，这种需求分析已经开始朝着重视员工经验、能力、技能的多样性和劳动力成本水平等方面发生变化。在现代人力资源管理活动中，实际的人力资源需求预测并不是预测未来对员工个人的需要，而是预测未来对员工整体特征的需要，这是由企业面临的经营环境特点决定的。

（5）具体的人力资源管理活动层面。

这一层面的计划是人力资源管理的行动计划，它应该能够为各种人力资源管理活动的继续、扩展和取消提供非常明确的指导。例如，特定人力资源管理活动的相关员工数量、活动的成本、活动的结果、活动的影响范围以及收益或效用等，在年底以前让每一位参加技能培训的员工都通过三级证书等级考试，证明建立工作小组的收益超过其成本的150%等，都属于人力资源管理活动层面上的计划范围。

四、人力资源战略与人力资源规划的关系

（一）人力资源战略是人力资源规划的前提

在工作层面上，人力资源战略要高于人力资源规划。人力资源战略与人力资源规划都

属于顶层设计，是高层管理者重点关注的事情，但战略是高瞻远瞩的决策，相对于人力资源规划，人力资源战略涉及的管理者层面更高一些，应该属于"一把手"工程，即高层管理团队对人力资源战略有着更多、更深刻的思考。人力资源规划在人力资源战略之后，涉及的管理者层面略低一些，即需要人力资源部门在这方面投入的精力更大一些。

在工作内容上，人力资源战略要高于人力资源规划。人力资源战略关注的是在企业发展的各个不同阶段重点解决哪些重大的人力资源管理问题，使有限的人、财、物资源能够得到更好的使用，促进企业经济效益的提高与企业的可持续发展。人力资源规划关注的是怎样将人力资源战略意图具体到企业发展的各个不同阶段，并有重点地进行落实，确保人力资源战略能够在企业内很好地得到贯彻，真正促进企业的发展。因而，人力资源战略更多地关注在什么时间、在哪些关键性的问题上采取措施，而人力资源规划考虑的是怎样将战略意图更好地落实。比如，在企业考虑未来人力资源结构时，人力资源战略考虑的是人力资源结构应该以何种趋势发展、分几个阶段走、关键问题是什么等；而人力资源规划涉及的则是人力资源战略具体的落实方案、落实措施、行动步骤、人员组织等一系列较为具体的问题。

(二) 人力资源规划是人力资源战略的延伸

人力资源规划是人力资源战略的进一步延伸。人力资源战略是较为宏观的人力资源管理整体部署方案，具有目标性、方向性和引导性，但不具有直接可操作性。为了实现人力资源战略目标，必须将人力资源战略转化为可操作的措施逐步落实。其中，人力资源规划是人力资源战略进一步实施的前提，是建立在人力资源战略基础之上的、可以操作的人力资源战略实施方案和行动措施。

(三) 人力资源战略与人力资源规划的整合

综上所述，人力资源战略要有明确的目标和思路，缺乏规划的人力资源战略只是空谈的观点，只能被束之高阁，难以"落地"；人力资源规划关注细节和操作，缺乏战略的人力资源规划则会失去方向与目标。人力资源规划关注在企业战略的统领下和人力资源战略的指导下，确保企业在适当的时间、地点，聘用合适数量和质量的员工，偏重处理和解决较为具体的问题。人力资源战略则主要关注在企业战略的统领下确保树立正确的人力资源管理指导思想、理念，偏重处理和解决较为抽象的问题。无论从理论上讲，还是从实践上看，都可以将人力资源规划与人力资源战略整合在一个统一的"人力资源战略与规划"的整体框架内。一方面，人力资源战略与规划服从和服务于企业战略；另一方面，其他人力资源职能活动都源于和服务于人力资源战略与规划。总之，人力资源战略与规划就是抓住企业的战略目标，并将这个目标转化为一套前后一致的、整体化的、完善的人力资源管理计划和政策的过程。

第二节　人力资源战略与规划的发展历程

一、西方人力资源战略规划的产生与发展

经济全球化，科技迅猛发展，高度竞争的全球市场，资源的限制性和技术的同质化，使得人力资源正在成为组织获取竞争优势的关键来源。正是基于全球商业环境的变化，以及由此导致的严峻挑战，使社会各界逐渐认识到了人力资源的至关重要性，由此组织面对人力资源问题时，不得不从战略角度进行长远布局，通过人力资源规划这种战略布局可以得以实现。整体上，在以美国为代表的西方国家中，组织人力资源战略与规划大致经历了从萌芽到成熟四个阶段。

（一）萌芽阶段

在现代工业社会，劳动力成为与资本和土地等并列的基本生产要素之一。在资本主义发展的早期阶段，由于资本是制约企业发展的主要生产要素，所以资本家在考虑生产时，首先需要考虑的要素就是资本的缺乏。相对于资本而言，劳动力在市场上是相对过剩的资源。劳动力的过剩和价格的低廉使企业非但没有产生对人力资源战略与规划的需求，反而对劳动力的管理采取了一种随意的态度，资本家对人事管理的不重视直接导致企业中劳资双方关系的严重对立，突出表现在雇主与工人之间的矛盾和冲突、工人就业的无保障以及工人在岗位上的"磨洋工"等问题。由于劳动者地位低微，雇主对企业的人事管理采用了一种任意的、独断专行的和非系统化的方式。在资本家的眼中，工人只不过是一件普通的商品，在其利润最大化的目标函数中，劳动力与其他生产投入要素的地位一样。

在绝大多数企业中，最高管理当局把所有的人事管理权，如招工、开除、定薪、升职和工作分配等，全部下放给负责车间或部门工作的工头，一般而言，工头在这些问题上具有决定权。他们的任务是用最少的单位成本生产最多的产出。为了完成这一任务，工头采用的是高压驱动手段，他们将工人看作完成任务的工具。这种简单的管理方式在当时之所以有效，是因为市场上有大量的劳动力剩余，且工人完成工作并不需要特殊的技能。该阶

段企业基本上没有人力资源战略与规划职能。

（二） 产生阶段

19 世纪末期之前，美国大部分劳动力从事的还是农业劳动。非农业部门（如制造业、采矿业和建筑业），一般都是小规模经营，雇用的都是具有某种手艺的工匠，使用的是手工工具，由小业主兼管理者经营。但是 19 世纪末期，工业部门发生了重大变化。大多数产业中从事制造业的工厂的平均雇员人数翻了两番，同时企业中的生产过程也发生了重大变化，机器代替了手工工具，半熟练和非熟练的操作工及流水线工人代替了传统的工匠，标准件和相互替换件取代了特制件。最后，越来越多的工厂采用所有权和经营权分离的现代企业制度，从而形成了一个专门从事企业日常经营活动的管理者阶层。

当时由于现代管理技术和标准化流水线还没有在社会上得到广泛的应用，企业的生产效率还不是很高，生产出来的产品还未能满足人们的需求，也就是说，当时的生产还处于"卖方市场"。雇主提高生产效率的唯一方法是延长工人的劳动时间，降低工人的报酬，而这样的生产效率提高是建立在员工损失的基础之上，导致了企业内部劳资关系的对立。在这样的形势下，泰勒发起了科学管理运动，工业心理学家闵斯特伯格试图采用工业心理学的原理和方法促进工业效率及工人对工作满意程度的提高。在这一阶段，由于福特发明了标准化生产流水线，产品的生产从传统的低效率转变为高效率的标准化生产。企业规模的扩大和生产技术的革新，使劳动分工、专门化、职能制、员工选拔和绩效考核等管理技术在企业中被广泛应用。由于企业对生产效率的重视和熟练工人的缺乏，企业人力资源规划的一些主要职能已经产生，如进行人力资源供给和需求的预测，以及根据人力资源供给和需求的差距制定的人力资源规划政策。但是在这一阶段，还没有形成一整套系统的人力资源规划理论，企业人力资源规划的重点也只是如何从市场上获得熟练工人和通过各种人力资源管理措施提高工人的工作效率。

（三） 发展阶段

20 世纪 60 年代以后，科学技术的迅速发展和企业规模的迅速扩大导致了社会对高级人才的更大需求。这一阶段，由于人口中青年男性劳动力和科学工程与技术人才严重短缺，人力资源战略与规划开始在企业人力资源管理中占据非常重要的地位。企业人力资源战略与规划的重点开始放在人才的供需平衡方面，尤其是管理人员和专业技术人才的供需平衡。人力资源战略与规划被定义为"管理人员将企业理想的人力资源状态和目前的实际状况进行比较，通过各种人力资源管理措施，适当数量和种类的人才可以在适当的时间地点，从事企业与个人均获得最大长期利润的工作"。[①] 这个概念包含了人力资源战略与规划中确定企业目标与计划、预测企业的人力资源需求、评价企业当前的人力资源状况及企业人力资源供给状况、确定企业的净人力资源需求、制定适当的人力资源战略与规划方案五个步骤。在这一阶段，对人力资源战略与规划的普遍看法是，企业预测其未来的人力资源需求，预测其内部或外部的人力资源供给，确定供求之间的差距，并根据预测结果制订企业的招聘、选拔和安置新员工方案、员工培训和开发方案，以及预测必要的人员晋升和调动方案。

20世纪70年代，由于美国新法律的出台和政府政策的制定，企业人力资源战略与规划需要考虑反优先法案和其他各种有关人事法案。各种法律和制度的制定限制了企业的雇佣行为、员工福利和安全保护措施。在这样一个高度动荡的年代，美国企业的管理者花费了大量的时间和精力去对付能源危机、妇女解放运动、种族歧视及企业发展停滞等问题，这些都消耗了企业大量的利润，产生了大量成本。但是在这一阶段，人力资源战略与规划被广泛地作为大企业和政府企业的一种关键人事管理活动。人力资源战略与规划极大地扩展了它的职能范围，而不再仅仅局限于对企业人才进行供求预测和平衡。

"人力"（manpower）一词由于具有性别歧视的含义被弃而不用，而"人力资源"（human resource）成为一个时髦的词语被广泛应用。另外，"人力"也含有将企业员工视为一种费用和成本的意思，而"人力资源"则将员工视为企业获取利润的源泉，是企业的资源和资本。1977年，在美国成立的人力资源战略与规划学会标志着人力资源战略与规划作为企业人力资源管理的一项职能已经产生。1978年，在亚特兰大的第一次人力资源战略与规划学会大会上，人们对人力资源战略与规划的看法已经非常系统和成熟，认为它不仅包括传统的需求与供给预测，而且包括人力资源环境分析、人力资源预测和规划、员工职业计划和发展、员工工作绩效、企业设计和其他方面。

这一阶段，由于人力资源战略与规划职能的扩展，已经有一些企业开始在制定人力资源战略与规划的过程中既考虑企业的战略和人力资源战略，又考虑各种人力资源行动方案，制定人力资源战略与规划配套体系。但显然无论从理论还是从实践来看，许多关键问题还没有得到解决，人力资源战略与规划作为一个整体还没有形成。

（四）成熟阶段

20世纪80年代以来，企业开始对以前的多元化战略进行反思，缩减企业规模，采取多次裁员和提前退休的政策。一方面，很多企业实行侵权式管理，降低管理费用，争取变

---

① 张相林，吴新辉.人力资源战略与规划 [M].北京：科学出版社，2017：12.

成精干型企业，这导致相当多的人才必须转移。企业的变革也使企业与员工之间形成的心理和社会契约发生了巨大的变化。另一方面，人们对职业规划、弹性工作安排及绩效工资更加重视。很多企业正在努力减少正式员工的数量，而更愿意雇用兼职员工和短期合同员工来满足企业的需要，这种情况导致企业临时劳动力快速增加。面对这样的形势，企业人力资源战略与规划的重点变成强调高层管理者的培养和交接计划，人员精简计划，企业重组、兼并与收购计划，以及企业文化变革，等等。

由于企业面对的经营环境变化越来越快，企业战略在企业经营中的重要性越来越凸显，而人力资源战略作为企业战略的一个组成部分也越来越重要，企业开始使用一些工具和技术确定企业的人力资源战略，并将人力资源战略与人力资源规划活动联系起来，从而在不同的人力资源战略下使用不同的规划工具，进行不同的规划活动。在此之前，人力资源战略与规划作为企业人力资源管理一项独立的职能活动，可能与企业经营的外部环境不匹配，或者与企业人力资源管理的其他职能性活动（如招聘、薪酬管理等）发生冲突。在将人力资源规划与人力资源战略联系起来以后，企业能够根据企业的经营环境制定人力资源战略，从而在统一的人力资源战略下制定一致的人力资源管理职能。这也就是人力资源战略通常所说的两个一致性，即外部一致性和内部一致性，或水平一致性和垂直一致性。人力资源规划与人力资源战略联系在一起，根据明确的人力资源战略制定人力资源规划，标志着企业成熟的人力资源战略与规划管理职能的形成。

二、中国本土企业人力资源战略与规划实践

中国的人力资源管理开始于 20 世纪 80 年代，其发展大致经历了三个阶段。第一阶段为 1978—1991 年，在国企改革大背景下的人事改革。也正是在这一时期，西方人力资源管理的相关理念和理论工具逐渐进入中国，为人们所认识和了解。第二阶段为 1992—2000 年，市场经济转型期的人力资源管理改革。这一阶段的人力资源管理跟随市场经济的改革，也在朝着市场化导向的方向发展，国企和民企都在试图引入与实施规范的人力资源管理理念及工具。第三阶段为 2001—2008 年，多元格局下的人力资源管理改革。正是在 2000 年以后，即 21 世纪伊始，外资和私营经济在中国国民经济成分中的比重显著上升，中国的人力资源管理出现了多元化的格局。

根据以上发展历程来看，整体上，在 2000 年以前，中国的人力资源管理尚处在西方人力资源管理相关理论概念和工具的引入与学习阶段。在此之后，特别是 2001 年中国加入世界贸易组织（World Trade Organization，WTO）之后，所有组织的生产经营环境发生了剧烈的变化，在受到越来越多的外资企业的影响和冲击后，无论是国企还是私企，也无

论是大中型企业，还是中小型企业，都已经深刻认识到人力资源对组织发展和获得竞争优势的关键作用，特别是面临着正在到来的信息技术和知识经济时代。所以，可以认为正是在21世纪之初，中国的社会各界已经清晰地认识到人力资源的重要性，开始从战略层面上开展人力资源实践活动。例如，一项针对上海、江苏和广东3个地区464家企业的调查研究表明，21世纪初，中国企业人力资源管理实践已经与企业战略在一定程度上整合在一起，企业基于战略导向的人力资源管理实践已初见端倪，主要体现在人力资源经理参与企业的事业战略决策过程，制定企业战略规划时会把组织人力资源现状等因素纳入其中，以及企业战略规划者在制定企业战略决策时会寻求有关人力资源方面的建议等。此外，一项针对国内10家领先企业的人力资源实践的研究也表明，这些本土领先企业也是直到2000年以后才逐渐开始强调人力资源部门的战略地位，将人力资源体系与战略结合，并根据企业发展战略制定相应的人力资源规划和相应的具体政策、措施等，主要包括强调甄选过程的人-岗匹配，提倡内部招聘以提升员工归属感和积极主动性，高度重视员工培训以增强组织文化认同等。

然而，尽管在21世纪之初，中国企业的人力资源实践已经具备战略导向性，但仍存在许多挑战和问题。对中小企业来说，在21世纪之初，中国中小企业人力资源战略的基本特征是水平低和发展很不平衡，存在战略意识不浓、创新能力不强和政府支持不够等问题。而对国有企业来说，2000年以后国有企业人力资源实践的一个显著变化，即在经济全球化浪潮推动下的中国企业人力资源管理国际化，大型跨国公司的优秀管理方法和最佳实践成为国有企业学习与效仿的标杆。这一时期，国有企业人力资源管理实践存在许多问题，主要包括以下几点：①国企"由内而外"的改革路径，限制了其人事管理模式向卓越人力资源管理实践改革的速度和成效；②社会保障体系建设等改革配套措施的滞后，制约了国企人力资源管理改革的进展和成效；③多种所有制格局下人力资源管理发展存在不平衡性；④人力资源管理在中国的发展在很大程度上是外部开放的结果，而不是企业内部改革的结果，即外资、民营等非国有经济的发展，不但对其自身的人力资源管理水平的提升有内在要求，而且通过市场竞争，有效地促进了国有企业的人力资源管理改革；⑤中国企业管理基础设施的落后，导致了人力资源管理效能较低。

针对上述挑战和未来经济发展趋势，中国企业人力资源战略与规划管理实践变革和完善，首先需要在人力资源管理基本职能模块和制度建设改进与完善的前提下，充分利用信息和网络技术同步推进人力资源管理基础流程与信息化建设，进而在人力资源职能性管理成熟的情况下，推进战略性人力资源管理的理念与实践。这些实践包括下列内容：高绩效人力资源管理系统的建设与实践，培育市场驱动下的人力资源战略路径与策略，全球化竞争下的人才吸引、保用和保持策略，网络和大数据（Big Data）技术推动下的人力资源共享服务中心与人力资源业务伙伴（Human Resource Business Partner，HRBP）等人力资源实践新模式，重视人力资源战略与组织文化的高度统一，等等。

三、人力资源战略与规划的发展趋势

人力资源战略的理念和实践始于 20 世纪 80 年代，随着对人力资源相关领域和交叉学科研究的不断深入，不管是学界还是实践界，人力资源是组织竞争优势的重要甚至决定性因素的观点，已被人们普遍接受。人力资源对组织发展这种重要性日益提高以及被人们所认识，直接导致了人力资源战略这一新领域的出现，也导致人力资源规划发生了很大变化，出现了许多新趋势。

20 世纪 90 年代以来，人力资源规划开始与人力资源战略相联系，并出现如下趋势：①企业正在使人力资源规划更加适合其精简而且较短期的人力资源战略；②人力资源战略与规划更加注意关键环节，以确保人力资源战略与规划的实用性和相关性；③人力资源战略与规划更加注意特殊环节的数据分析，更加明确地限定人力资源战略与规划范围；④企业更加重视将长期人力资源战略与规划中的关键环节转化为行动方案，以便于对其效果进行测量。

人类社会在进入 21 世纪以后，在环境剧烈变化、世界经济高度全球一体化，以及竞争进一步加剧的知识经济时代大背景下，人力资源规划在企业战略管理中的重要性更加提高。其发展趋势出现了如下几个特点。

第一，人力资源战略规划的目标从更加关注企业战略目标的实现转向更加关注员工的发展和利益，以期在更大程度上激励员工积极性、增强企业竞争力。

第二，在技术日新月异、环境越来越动荡和不可预测的情况下，人力资源战略和规划越来越趋向短期化。

第三，随着移动互联技术的应用，组织结构将越来越趋向于扁平化、平台化、开放化和联结化，组织人力资源战略和规划也将变得越来越动态和快速化，以及开放化，人力资源共享服务中心、人力资源业务伙伴、企业雇主品牌等新理念和管理模式正在替代或颠覆传统的人力资源管理模式，并作为重要的人力资源战略选择。

第四，全球化大背景下，人力资源战略规划将越来越强调跨文化性，将面临团队的跨文化冲突与融合的挑战，而且组织人力资源竞争已经扩展到全球范围内的竞争，如全球范围内的人力资源吸引、使用和开发等。

第五，大数据与云技术、虚拟现实技术和生物基因技术等科技的迅猛发展，势必影响组织的人力资源战略规划及其实施。这些将在第七章进行详细的探讨。

第三节 人力资源战略与规划的目标与地位

一、人力资源战略与规划的目标

作为人力资源管理的重要部分和重要领域，人力资源战略与规划是为了员工和企业的利益，最有效地利用短缺人才。为此，必须达到以下四个维度的目标。

第一，通过组织战略分解到人力资源战略，进而建立和明确人力资源规划，使人力资源管理成为支撑战略实现的有效保证。

第二，通过对人力资源各项职能的整体审视和组织的要求，找出差距和解决办法，为人力资源管理的各项工作指明方向。

第三，通过人力资源战略和规划，可以使组织的关键人才配置在更适合的岗位，真正做到人力资本增值。

第四，通过规划，提前做好准备，减少不必要的人力成本支出，为企业节省人力成本开支。

二、人力资源战略与规划的地位

(一) 增加企业经济效益的重要手段之一

人力资源战略与规划是为未来的企业生产经营活动预先准备人力，持续和系统地分析企业在不断变化的条件下对人力资源的需求，并开发制定出与企业组织长期效益相适应的人事政策。因此，人力资源战略与规划是企业发展战略的有机组成部分，是企业发展总规划的核心内容，它不但与企业在多变的市场环境中能否成功有密切关系，更直接关系着企业的前途与命运。

对企业进行合理而科学的人力资源战略与规划，不但可以帮助企业找出现有人力资源结构的不合理因素，帮助调整人力配置不平衡的状况，还可以在此基础上进而谋求人力资源的合理化使用，充分发挥人力效能，使人力成本控制在合理的支付范围内，从而提高企业的劳动效率，提高企业的经济效益。

(二) 配合并满足企业的发展需要

随着企业规模的扩大和结构的复杂化，管理的工作量和难度都在迅速提高，无论是确定人员的需求量、供给量，还是职务、人数以及任务的调整，不通过一定的周密规划显然是难以实现的。例如，何时需要补充人员，补充哪些层次的人员，如何补充；如何组织多种需求的培训，如何对不同层次和部门的员工进行考评和激励等。这些管理工作在没有人力资源战略与规划的情况下，很容易陷入相互割裂和混乱的状况。因此，人力资源战略与规划是企业管理的重要依据，它能为企业的录用、晋升、培训、考评、激励、人员调整以及人力成本的控制等活动，提供准确的信息和依据。

任何企业，都会不断地追求生存和发展，这是企业的特性。而企业生存和发展的主要因素是人力资源的获得与运用，也就是如何适时、适量及适质地使企业获得所需的各类人力资源。现代科学技术日新月异，社会环境变化多端，如何针对这些多变的因素，配合企业发展目标对人力资源进行战略与规划甚为重要。

（三）有助于促进人力的发展和人力资源的合理运用

人力资源战略与规划是企业人力资源发展的基础。一方面，人力资源战略与规划对目前人力现状予以分析，发现问题与不足，帮助企业了解人事动态；另一方面，通过对未来人力需求做预测，使企业能站在战略的高度对人力资源进行掌控，为企业的人力增补和人员培训进行战略规划。

一般情况下，只有少数企业的人力资源配置完全符合理想的状况。在相当多的企业中，人力资源分配是不平衡的，比如一些人的工作负荷过重，而另一些人则工作过于轻松；一些人的能力有限，而另一些人则感到能力有余，未能充分利用。人力资源战略与规划可改善人力分配的不平衡状况，进而谋求合理化，使人力资源得到充分合理的运用。

（四）有助于发挥人力资源个体的能力，满足员工的发展需要，调动员工的积极性

人力资源战略与规划不仅是面向企业的战略与规划，也是面向员工的战略与规划。一个企业在人事政策上如果出现了较严重的问题，往往是因为没有制定一个科学细致的人力资源战略与规划。许多企业面临着员工的纷纷跳槽，表面上看是因为企业无法给员工提供优厚的待遇或者晋升渠道，其实是显示了企业人力资源战略与规划的空白或不足。因为并不是每个企业都能提供有诱惑力的薪金和福利来吸引人才，而许多缺乏资金、处于发展初期的中小企业照样可以吸引到优秀人才并迅速成长。它们的成功之处不外乎立足于企业自身情况，营造企业与员工共同成长的组织氛围，充分发挥团队精神，规划企业的宏伟前景，让员工对未来充满信心和希望，为有远大志向的优秀人才提供其施展才华、实现自我

超越的广阔空间。因此，人力资源战略与规划要着力考虑员工的发展。在此基础上，积极地、有步骤地引导员工进行职业生涯设计和发展，让员工清晰了解未来的职位空缺，看到自己的发展前景，从而去积极地努力争取，这对于调动员工积极性非常有益。

第四节　人力资源战略与规划的基本过程

人力资源战略与规划是一项系统工程，在制定人力资源战略与规划时，企业可以分为如下几个步骤。

一、环境分析

人力资源战略与规划的第一步就是要对企业的内部和外部环境进行分析，并做出评价。企业在进行环境分析的时候，必须仔细考察企业的内部和外部环境，以获取可能对企业未来人力资源管理产生影响的信息。企业环境分析主要包括两个方面，即内部环境和外部环境。

内部环境包括企业的研究与开发、制造、市场销售、人力资源和其他对企业的绩效产生影响的方面。另外，内部环境还包括涉及企业内部不同部门的决策行为，例如资源分配、制订规划、管理能力开发和客户服务等流程。企业内部的资源包括资本、技术、人力资源等也是企业在进行内部环境分析的时候必须考虑的问题。此外，企业结构、文化、员工等也是企业内部环境的关键组成部分。

企业的外部环境主要包括外部宏观环境和对企业产生影响的竞争者、供应商、顾客等市场主体。企业在对外部环境进行分析时，首先要全面了解如人口结构、法律、政治、社会和技术变化趋势等宏观企业经营环境。此外，企业还要注意对竞争环境进行分析。企业要能够通过对竞争环境的分析，鉴别竞争对手的行动对自身的威胁和影响。例如，企业可能由于竞争对手的新产品推出速度加快，而需要加大新产品的研发和销售力度及鼓励员工的创新精神等。

二、制定人力资源战略

在对人力资源内部环境和外部环境进行分析以后，企业就可以制定人力资源战略了。企业战略作为一个整体发展战略包括人力资源战略、财务战略、市场战略等子系统。人力资源管理系统是企业管理众多系统中的一部分，每一个系统都对企业战略的形成发挥作用，并且每一个系统都有自己细分的子系统。人力资源系统中包括人员规划、人力资源配置与开发、评估与奖励、员工关系等子系统。人力资源战略本身也正是通过这些子系统体现出来的。人力资源作为企业竞争优势的来源在企业中具有越来越重要的地位。人力资源战略作为企业战略的一个子系统，对企业战略的实现所起的作用也越来越大。企业有不同的人力资源战略选择，如技能战略、产业战略、工资化战略等。每种战略有不同的适用范围，企业可以根据自身的情况选择不同的人力资源战略。

三、进行人力资源供给和需求预测

确定了人力资源战略以后，企业就可以根据人力资源战略进行相应的人力资源规划。要进行人力资源规划，企业首先必须对现有的人力资源状况进行清楚的分析，然后企业必须根据自身的未来发展战略，对未来的人力资源需求做出正确的预测，找到未来理想的人力资源状况与现在的差距。最后，企业必须根据劳动力市场的现状对未来的人力资源供给做出正确的预测，确定未来的劳动力市场能否给企业发展提供合适质量和数量的人力资源。

四、制订人力资源规划方案

当目前的人力资源状况和未来理想的人力资源状况存在差距时，企业必须制订一系列有效的人力资源战略与规划方案。在员工过剩的情况下，企业可能需要制订一系列的人员裁减计划。在员工短缺的情况下，则可能需要在外部进行招聘，而如果外部劳动力市场不能保证有效供给，企业则需要考虑在内部通过调动补缺、培训、工作轮换、晋升等方式增加劳动力供给。一个完整的人力资源规划方案通常包括：人员补充规划、分配规划、晋升规划、教育培训规划、工资规划、保险福利规划、劳动关系规划、退休规划。

五、人力资源规划的实施

如果人力资源战略不能满足上面的条件，人力资源战略则可能以失败或不成熟而告终。人力资源规划在实施过程中，要加强监督、检查和控制，在外部环境和内部条件没有明显变化的情况下，要保证人力资源规划得到有效的实施，发现不严格执行规划等问题要及时加以纠正。规划实施后，还要对结果进行汇总和评价，积累经验，以指导以后的人力资源规划工作。在评价人力资源规划时，需要将执行结果与规划内容进行比较，找出两者的差距，并分析产生差距的原因，是规划本身的问题还是执行中的问题，针对问题采取有效解决措施，以使下一轮的人力资源规划工作水平得到提高。

六、人力资源战略与规划的评价与控制

在具体实施人力资源战略与规划的过程中，人类预测理性的有限性，内外部环境的变化，都有可能使得最初制订的人力资源规划不能真正有效地达到企业预期追求的目标和要求。因此，必须建立一套科学的评价与控制体系，利用评价结果对最初的人力资源规划主动调整以适应变化了的内外部环境，修正企业在人力资源规划实施中的偏差，最终保证人力资源规划的持续滚动发展。因此，对人力资源规划进行系统化的反馈、评价与控制就成为一项对企业利害攸关的重要工作。

对人力资源战略与规划的评价与控制的基本目的是保证企业最初所制订的人力资源规划与其具体实施过程动态实时地相互适应。对人力资源战略与规划的评价与控制的基本内容包括：选择人力资源规划关键环节中的关键监控与评估点，确立评价与控制基准和原则，监测评估关键控制点的实际变化及变化趋势，选择实施适度的控制力和正确的控制方法，调整偏差。对人力资源战略与规划的评价与控制的工具一般包括人力资源管理信息系统、预算法、定量分析等。

第二章 人力资源环境分析

第一节　人力资源环境分析概述

人力资源环境分析指对人力资源管理活动产生影响的各种因素的分析。

一、人力资源环境分析的特点及意义

（一）人力资源环境分析的特点

一般而言，人力资源环境具有差异性、复杂性、动态性以及可预测性等特点。

差异性，是企业面临相似的外部环境时，不同企业对环境影响有着不同认识和反应，这种差异性影响着企业的人力资源战略与规划。

复杂性指企业面临的人力资源外部环境时常变化，而且变化情况复杂，企业不能通过局部来认识整体。

动态性指环境中的各项因素会随着时间的变化而变化，环境变化可分为渐变或者突变，企业制定相应战略与规划时必须考虑环境动态因素。

可预测性指大部分环境因素之间相互联系和相互制约，可根据相关因素进行评估。

环境变化分为规律性较强和规律性较弱，周期较长和周期较短。那些规律性较强和周期较长的环境可预测性程度更高。

（二）人力资源环境分析的意义

如今，人力资源管理的内外部环境正在发生巨大变化，如经济全球化、技术变革、劳动力多样化、顾客需求变化等。许多问题成了企业关注的焦点，如质量、组织再设计、流程再造、核心能力、培训等。归根结底，在这些问题背后是围绕人力资源问题展开的，即如何制定人力资源战略以及进行人力资源规划，而进行战略与规划的前提是要对人力资源

的环境进行深入系统的分析。

人力资源规划的第一步就是对企业内部和外部环境的变化做出评价。人力资源环境分析是企业制定人力资源战略、进行人力资源规划的基础。人力资源环境分析可以与企业在制定战略时的环境评价同步进行，也可以只针对人力资源规划单独进行。其中有两点是明确的：第一，人力资源环境分析和企业经营环境分析的内容和方法大体是一致的，只是由于应用目的不同而导致侧重点不同；第二，人力资源环境分析可以吸纳企业经营环境分析的精华。从长期来看，人力资源环境分析能够帮助企业识别所面临的人力资源方面的机遇与挑战，为企业的发展提供人力资源智力支撑和保障。企业唯有适应环境的变化，才能求得生存与发展。所以，人力资源环境分析作为一项基础性工作，对处于变化迅速的动态环境中的企业是非常重要的。

二、人力资源环境分析的三个步骤

企业人力资源环境分析的对象一般可从内外两个角度展开。企业外部环境分析可以分为宏观环境分析和中观环境分析两个层次。所谓宏观环境，包括政治、经济、社会文化和技术等几个方面；中观环境指能够直接影响企业运行的要素，主要指企业所在的产业竞争环境以及股东、顾客、供应商等。企业内部环境是人力资源的微观环境，由存在于组织内部并影响组织运行的因素构成，具体包括企业的战略、组织结构、企业文化等。

企业人力资源环境分析一般分为三步。

（一）尽可能详细地列出影响环境变化的多种因素

把从宏观环境、中观环境到微观环境的影响因素都列出清单，90%的信息可能最终没有用，但是只有广泛收集信息才可能不漏过那10%的有用信息。比如，政治会对企业监管、消费能力以及其他与企业有关的活动产生十分重要的影响。政治包括国家或地区的政治制度、体制、方针政策、法律法规等方面，这些因素会制约并影响企业的经营行为和人力资源管理行为，尤其影响企业较长期的投资行为和人力资源战略。

（二）对以上影响因素进行归纳分类

在列出影响环境变化的各种因素后，为了更清楚地了解各种因素对企业影响的不同程度，为决策提供参考，企业必须将所有因素进行归纳分类。分类时可以使用宏观、中观、微观三个层次的分类法，但是为了找到导致变化的关键因素，企业在具体分析时可采取阶段分类法。

（三）把选择出来的多种影响环境变化的因素制成关系图

把各种选择出来的因素制成关系图，是指对每一因素做出可能性分析和可行性分析，针对最极端的情况和中间状况进行典型分析，并对这些因素给企业人力资源活动带来的影响做出分析，初步展现人力资源实践面临的机遇和挑战。

三、人力资源环境分析的基本原则

在进行人力资源环境分析时，不同的人面对一个相同的环境，采用相同的方法和步骤也可能会得出相差比较大的结果。因此，我们在进行人力资源环境分析时要把握客观性、全局性和重点突出性、系统性以及未来性四个原则。

（一）客观性原则

环境分析的对象是企业赖以生存和发展的客观环境，如果第一步在取得信息的过程中产生了失真，基于此信息进行分析就很难制订出恰当的人力资源规划。客观性主要是指获取信息的客观性。现在许多统计资料与现实有一定的出入，在使用之前，可以先做一定的调整。同时，从事人力资源环境分析的人要改善自己的心智模式，客观地分析自己心目中的假设是否符合所分析的特定情况。

（二）全局性和重点突出性原则

人力资源规划受多方面的影响，而作为其基础的环境分析就必须从全局的角度考虑多方面的因素，这一点在我们上面所讲的人力资源环境分析的对象中已有所反映；同时，由于各个因素之间的影响力大小不同，企业也要重点找出对人力资源管理实践影响大的因素，并对它们进行仔细分析。

（三）系统性原则

人力资源环境分析的对象是系统，其中许多外部因素之间、内部因素之间、内外因素之间是相互影响的；同时，人力资源环境分析服务的对象即人力资源战略和人力资源规划也具有系统性的特征。因此，在进行人力资源环境分析时要注意各方面的联系和相互作用。

（四）未来性原则

虽然人力资源环境分析以过去和现在为依据，但其着眼点是企业明天的生存和发展。

因此，在进行人力资源环境分析时，尤其要重视未来可能影响企业人力资源状况的各方面情况。

第二节　人力资源环境分析的内容

一、人力资源宏观环境分析

人力资源宏观环境主要包括六个方面。

（一）政治法律环境分析

政治法律环境主要指一个国家或地区的政治制度、体制、国家方针政策以及法律、法规等方面的因素。这些因素常常制约、影响企业的经营行为，尤其是影响企业较长期的投资行为。从国内来看，政治因素主要涉及国家的方针、政策，它对企业的生存与发展将产生长期深刻的影响。

法律因素是指中央和地方的法规和有关规定，其中与经济法律法规的关系更为密切。经济法律法规是为调整经济活动中的法律关系、发展社会生产力服务的。它规定了企业可以做什么，不可以做什么。合法经营受到法律的保护，非法交易则要受到法律的制裁。《中华人民共和国劳动法》等法规也对人力资源管理实践产生了影响，如《中华人民共和国劳动法》规定各级工会组织作为职工利益的代表，对执行劳动法律、法规的情况进行监督，这既是依法维护职工合法权益的重要体现，也是工会的一项重要权利和应尽的职责。在国有企业，这种监督主要是代表职工参与民主管理和重大问题的决策，对工资分配、保险福利、辞退职工、职工奖惩、合同签订与解除、劳动争议等进行民主监督和劳动关系调解，是职工民主参与、民主管理的重要手段。在非国有企业，主要通过建立产业、地区集体谈判制度，在企业签订集体劳动合同，实施产业、地区性和企业监督。《中华人民共和国劳动法》《中华人民共和国妇女权益保障法》等，特别是《中华人民共和国劳动合同法》《中华人民共和国就业促进法》于 2008 年 1 月 1 日正式施行，对于扩大就业、实现劳动力资源的有序流动和合理配置、增强就业的稳定性和提高就业质量、推动我国劳动关系的全面协调发展等，都产生了深远影响。

从国际方面来看，政治因素主要包括其他国家的国体与政体、关税政策、进口控制、外汇与价格控制、国有化政策以及群众利益集团的活动等。国际方面的法律因素主要涉及各国的国内法以及国际公约的有关规定等。我国企业若要到国外投资、兴办企业或与某国企业进行市场交易，必须事先了解该国的政治和法律。

（二）经济环境分析

一个国家的经济是影响人力资源管理的主要外部环境因素。一般来说，经济繁荣时，不容易招聘到合格的工人；经济衰退时，适用的求职者却很多。

经济环境具体是指企业经营过程中所面临的各种外部经济条件，主要包括一个国家或地区的经济特征、消费者收入与支出、物价水平、消费信贷及居民储蓄等宏观因素。

目前，经济方面的各种变化改变了就业和职业模式，其中，最主要的变化是，大量的就业岗位由制造业和农业部门转到了服务业和电信部门。服务部门的就业岗位通常包括金融服务、医疗保健、运输、零售、快餐和饭店、法律和社会服务、教育、计算机领域等各行各业中的岗位。从增长比例来看，就业岗位增长最快的首推计算机和医疗保健领域。就业与职业变化的另一个侧面是不同规模的企业工作岗位具有不同的增减模式：许多大厂商通过减少其员工数量来削减工作岗位；与此同时，许多小企业却在不断地创造着新的就业机会。

在今后的若干年中，许多提供就业岗位的企业和机构将更加迫切需要受教育程度较高的劳动力。预计需要最新知识的岗位数量的增长速度将大大超过其他类别的岗位。这种趋势意味着，那些低学历的人将日益处于不利的境地，也就是说，他们的就业机会将仅限于报酬很低的服务性岗位。总之，在许多岗位所要求的知识、技能与员工或求职者所拥有的知识、技能之间，将会形成日益拉大的差距。几项不同的研究和预测均表明，今后，许多产业中的企业对那些受到过足够教育和培训的劳动力的需求将很难得到充分满足。教育和培训日趋重要，因此，企业的人力资源管理部门应继续重视员工的补习教育和职业培训。这意味着需要采用新的培训方法，例如，在培训中，更广泛地使用交互型录像技术和计算机培训系统。面向未来的工作和技能培训不应仅针对经理和专业人员，而应包括所有员工。必须对现有员工及其职业技能情况进行精确的评估，另外还必须对求职者的技能进行准确的甄别。越来越多的雇主须为员工提供补习和读写能力的培训。企业必须更加积极地参与学校的各种活动，并帮助学生提高各种技能。

（三）劳动力市场分析

劳动力市场是企业的一个外部人员储备，通过这种储备企业能够获得它所需要的员工。企业员工的能力在很大程度上决定着企业能否顺利地完成自己的目标。由于企业可从外部雇用新的员工，因此劳动力市场便是人力资源管理必须考虑的一个外部环境因素。劳动力市场是随时变化的，这会引起企业的劳动力的变化，企业内部每个人的变化会影响到管理者处理其劳动力问题的方式。简而言之，劳动力市场的变化导致了企业内部劳动力的动态变化。

(四) 自然环境分析

总的来说，自然环境对企业影响的主要动向是：自然资源日益短缺，能源成本趋于提高，环境污染日益严重，政府对自然资源管理的干预不断加强，所有这些都直接或间接地给企业带来威胁或机会。

(五) 科学技术环境分析

科学技术是影响人类前途和命运的重大力量，企业发展必须密切关注科学技术的发展动态。现在，科学技术日新月异，知识经济已经初露端倪，由此对企业造成以下几方面的影响：一是大部分产品的生命周期有明显缩短的趋势；二是技术优势成为企业竞争中的主要优势所在，企业有无创新能力成为企业能否生存发展的前提；三是劳动密集型产业面临极大压力；四是发展中国家劳动力价格低廉的优势在国际经济联系中将削弱；五是新兴产业特别是以高科技为代表的新兴产业将不断涌现等。

技术对人力资源管理的影响是多方面的。人力资源管理的一个重要关注点是已经发生和将要发生的技术变革对企业经营所产生的影响。在下一个十年里，人力资源管理最具挑战性的领域将是培训员工，使之跟上迅速发展的技术要求；而现在产品的大规模生产在几年以前是不可想象的。这实际上扩大了所有经理，包括人力资源管理经理的任务。新技术的出现，使得在某些需求领域中招聘合格的员工变得十分困难。生产技术一旦发生了变化，某些技能也就不再需要了。在这种情况下就有必要对现在的劳动力进行再培训。例如，自从出现了文字处理器，秘书的传统角色已经发生了实质性的改变。越来越多的经理开始利用文字处理器输入他们的信件并打印出来，而不再是写信或向秘书口授信件了；具有传统缝纫技能的个体现在必须学习怎样操作计算机化的设备；那些具有传统烘烤技能的个体现在必须学习怎样操作高技术的烤箱。这就产生了招聘或培训的需要。

同时，技术进步使许多企业能够用更少的人员生产更多的产品。例如，因为今日的电脑所需部件更少，所以，与数年前所需的劳动力相比，用更少的劳动力便能装配它们。如果电脑制造商不削减其劳动力，它们将会生产得太多，并且因过多供应那些迅速变得过时的产品而陷入困境。尤其是，目前随着大数据、"互联网+"时代的到来，企业对普通劳动力的需求数量和需求结构正在发生变化。企业可通过对电商平台的管理与操作，在产品直达终端或工程商的同时，使公司能够在后台自动获得采购者的具体信息，从而直接掌握终端。这不仅大大减少了业务员的需求量，而且提高了公司的销售效率。不但如此，任何人员的流动都带不走公司原有的终端资源，因此对手复制的可能性也大大降低。同时，在掌握了客户资源这一大数据后，也可避免对手轻易复制。

（六）社会文化环境分析

社会文化因素对人力资源管理也具有重要影响，企业对此也应加以重视。社会文化环境是指一个国家或地区的民族特征、文化传统、价值观、宗教信仰、教育水平、社会结构、风俗习惯等情况。社会文化是经过千百年逐渐形成的，它影响和制约着人们的观念和思维，影响着人们的行为。

二、人力资源中观环境分析

人力资源中观环境分析，就是进行产业环境分析，即弄清楚产业的总体情况与发展趋势，具体包括以下内容。

（一）国家的产业结构和产业政策

企业在进行产业分析时，应了解所投资的国家和地区的产业结构和产业政策。从世界范围来看，伴随着一个国家或地区工业化和城市化的进程，第一、二、三产业的结构会发生相应的变化：第一、二产业的比重会逐渐降低，第三产业的比重会不断提高。随着社会经济和科学技术的发展，产业结构演变的基本趋势是，产业由以劳动密集型产业为主向以资金密集型和技术密集型产业为主演变。

（二）产业生命周期

产业的产生、存在和发展，与社会对它所提供的产品和劳务的需求有关。它随着社会对某些产品或劳务需求的产生而产生，又随着社会对这些产品或劳务需求的消失或这些产品和劳务被别的产品或劳务完全代替而整体消失。产业的生命周期包括产业的产生、成长、成熟和衰退四个阶段。企业在决定是否进入一个产业时，首先要对该产业有一个基本的判断，弄清楚所要进入的产业属于新兴产业、成熟产业还是衰退产业。尽量选择"朝阳产业"，避免"夕阳产业"。

（三）产业的市场情况

产业的市场状况包括以下三方面的内容。

一是供求态势。产业的供求态势是指产业所生产产品的现时供求状况和变化趋势。根据买卖双方各自的力量对比情况，供求状况有供不应求、供求平衡和供过于求三种。市场供求受商品经济规律、竞争规律、需求规律等各种经济规律的共同作用。

二是需求分布。一般来说，新型产业的市场需求呈梯度推进式，首先在经济发展和技术水平高的地区出现，逐步向经济发展和技术水平不够高的地区推进，如电子计算机、移动通信等新型产业的产品需求就是从经济、技术水平最高的城市或地区逐步向经济、技术水平次高的城市或地区推进的。

三是需求变动。需求变动包括所需产品品种的变动和数量的变动。需求变动的频繁性大致可以分为平稳型（如家具）、渐变型（如服装）、速变型（如计算机）三种类型。由于产业产品的需求变动类型不同，因此对企业的创新要求也有所不同。

（四）进入或退出障碍

一个企业在进入或退出某一产业时，都会不同程度地遇到一些压力，这些压力称为进入或退出障碍。

1. 进入障碍

进入障碍主要有五个方面。

（1）规模经济。规模经济迫使新加入者必须以大生产规模进入，并冒着现有企业强烈反击的风险；或者以小的规模进入，但要长期忍受产品成本高的劣势。这两种情况都会使进入者却步不前。

（2）顾客依赖心理。产业内原有企业的广告宣传、产品的优良性能、对顾客的良好服务，以及该产业的企业首先生产某种产品等因素，使产业内原有企业在顾客中确立了企业的声誉、商标、品牌等，并取得了顾客的信赖。这对新进入企业形成了无形的障碍，企业要花费巨资才能克服这种依赖心理，并且需要较长时间的努力。

（3）资金需求。资金密集型产业对资金需求量极大，这对进入者又形成了巨大障碍。电力产业、矿山开采、铁路运输、石油化工等均属这类产业。

（4）转换费用。转换费用包括对职工再培训的费用、新的辅助设备成本、测试费用、适应使用新能源而花费的时间和费用，以及割断旧有关系的心理因素等所发生的一切费用。

（5）销售渠道。由于已有渠道被产业中原有企业占领，它们之间的长期合作建立了相互信赖的融洽关系，因此新进入者要想让这些渠道接受本企业的产品，只有通过降低价格、提供广告补贴等途径来吸引中间商，这就减少了利润。

2. 退出障碍

退出障碍对企业经营战略的影响主要有两个方面：一方面是当企业选择进入某一产业时，必须了解这一产业的退出障碍，即一旦由于各种原因。使企业战略失败，能否适时退出所在产业；另一方面是当企业通过实施跨产业经营的战略而将战略重点从一个产业移向另一产业时，是否会受到原产业退出障碍的阻挡。事实上，由于某些产业的退出障碍很高，致使一些企业即使在这一产业盈利较低，甚至亏损，也无法退出该产业，更无法实现战略重心的转移。

退出障碍一般有以下几个方面：①资产形态的特殊性；②协议障碍，比如签订有劳工协议，企业要退出该产业，必须支付一大笔重新安置职工的费用等；③关系障碍，企业与本产业其他企业之间在生产、供应、销售、企业形象、设备共享等方面关系密切，不到万不得已，企业不愿退出；④感情障碍，企业资产的拥有者、经营者或一些管理人员由于亲自参与企业的建设和经营，对企业有着较深的感情，舍不得本企业退出，有些管理人员出于对雇主的忠诚，担心自己的职业前途或其他种种原因，不愿为企业退出产业出谋划策；⑤政府与社会障碍，政府与社会可能会对企业退出某产业进行限制，如政府因担心职工失业影响本地区社会稳定而否决企业的退出意向或劝阻企业不要退出，在我国国有企业改革和战略性重组过程中，面临的最大退出障碍就是由于社会保障制度的缺乏和社会稳定的政治需要，致使企业的下岗分流以及破产工作很难进行。

三、人力资源微观环境分析

（一）企业人力资源现状

企业现有的人力资源是人力资源规划的基础，是将来发展的起点。企业战略目标的实现首先要立足于开发现有的人力资源。因此，必须对企业现有的人力资源状况有一个全面的了解和充分的认识。

企业人力资源现状分析包括人员数量分析、人员类型分析、年龄构成分析、职位构成分析和工作人员素质分析。

1. 针对人员数量分析

人力资源数量分析的重点是探讨现有的人力资源数量是否与企业各部门的业务量相吻

合，也就是探讨现有的人力资源匹配是不是最佳。要做到这一点，就必须测量各种业务所包含的工作量以及处理某些工作的工作时间与人员需求。

目前各企业采用的计算方法有很多，如工作效率法、业务分析法、预算控制法、行业比例法、标杆对照法等。在企业实践中，通常是将各种方法结合起来，参照行业最佳典范来规划本企业的岗位人数。但由于各企业的情况有差别并且不断变化，人力资源数量分析应从企业的总体目标要求出发，在不断的变化中调整，因此它是个动态的过程。

2. 针对人员类型分析

通过对企业人员类型的分析，可以了解一个机构业务的重心所在。不同的类型分类对应不同的分析目的。

按工作内容来分，一个企业内的人员大致有四种：业务人员、技术人员、生产人员和管理人员。这四类人员的数量和配置代表了企业内部人力资源的结构。有了这些分析资料，就可以研究影响该结构的各项因素。这些因素可能包括以下几个方面：企业处在何种产品或市场中；企业运用何种技能与工作方法；劳动力市场的供应状况如何等。

按工作性质来分，企业内部工作人员又可分为两类：直接人员和间接人员。这两类人员的配置，也随着企业性质的不同而有所不同。通常直接人员占较大比例。

3. 针对年龄构成分析

分析员工的年龄结构，在总的方面可按年龄段进行，统计整个企业人员的年龄分配情况及员工平均年龄等。了解年龄结构，旨在了解以下情况：①企业人员是年轻化，还是日趋老化；②企业人员吸收新知识、新技术的能力；③企业人员工作的体能负荷；④工作职位或职务的性质与年龄大小的可能匹配要求。

4. 针对职位构成分析

根据管理幅度原理，主管职位与非主管职位应有适当的比例。分析人力结构中的主管职位与非主管职位，可以显示企业中管理幅度的大小，以及部门与层次的多少。

5. 针对工作人员素质分析

工作人员素质分析就是分析现有工作人员的受教育程度及所受的培训状况。一般而言，受教育与培训程度的高低可显示工作知识和工作能力的高低，任何企业都希望能提高工作人员的素质，使其对组织做出更大的贡献。但事实上，人员受教育程度及培训程度的高低，应以满足工作需要为前提。因此，为了达到适才适用的目的，人员素质必须和企业的工作现状相匹配。管理层在提高人员素质的同时，也应该积极提高人员的工作效率，以人员创造工作，以工作发展人员，促进企业的发展。

（二）企业的组织结构

企业组织结构体系在现代企业管理中是企业治理的重要体现，完善的企业组织结构有利于实现绩效的提高。企业的生产和发展从某种程度上来说，取决于企业组织结构的优化或提升。有了明晰的组织结构，企业中的各个管理职能才能有效地发挥其应有的作用。

企业组织结构的实施和运行最终要通过人力资源配置来实现，因此应该进行人力资源配置分析。企业人力资源的配置，就是通过考核、选拔、录用和培训，把符合企业发展需要的各类人才及时、合理地安排在所需要的岗位上，使之与其他经济资源相结合，形成现实的经济运动，使得人尽其才，提高人力资源生产率，最大限度地为企业创造更多的经济效益和社会效益。

（三）企业文化

企业文化是企业在一定社会经济文化背景下，在长期生产经营中，逐步形成和发展起来的日趋稳定的价值观、企业精神、行为规范、道德准则、生活信念、传统习惯等。

企业文化在企业管理中的主要作用如下：①激励作用，企业文化犹如一种内在于企业的精神，这种无形的动力可以激励员工的自豪感、主人翁责任感，从而转化为推动企业群体前进的动力；②凝聚作用，企业文化能够培育员工的企业共同体意识，这是企业凝聚力的源泉，它能在企业内部造成一种和谐、公平、友好的气氛，促进全体员工的团结、信任、理解和相互支持，使之形成群体的向心力；③规范作用，企业文化的一个重要特征就是根据企业整体利益的需要，产生一系列以价值观念为核心的评判标准，它虽然不是规章制度，但在实践中员工做出了符合企业目标的行为，这就起到了规章制度的规范作用；④稳定作用，企业文化具有相对稳定性，企业文化一旦形成并模式化后，就具有很强的稳定性，这是因为企业长期形成的渗透到企业各个领域的文化，可以成为深层心理结构中的基本部分，在较长时间内对成员的思想感情和行为发生作用。

人力资源管理的最高层次就是运用企业文化进行管理。毫无疑问，企业文化是人力资源环境分析的重要对象。对企业文化进行研究可从以下方面入手：首先，由于企业文化是长时间形成的，因此，要先对企业发展的历史以及企业文化形成的历史进行研究；其次，不仅要对表层的文化进行研究，而且要深入最深层，看看员工做出决策时暗含的假设是什么，如果某些假设是共同的，它们就有可能与企业文化有关；最后，一个企业中可能还有多种亚文化，经理层有经理层的文化，普通员工有普通员工的文化。一方面企业文化对企业在特定的情况下会有积极的作用；另一方面企业文化一旦形成就具有一定的稳定性。但当竞争环境的变化非常快，引起企业组织结构、运作方式的改变，而企业文化的变化相对较慢时，企业文化就会起到阻碍作用。现在，这种情况越来越多地出现，这就要求在对人力资源环境进行具体分析时更加重视企业文化。

（四）工会

工会是人力资源内部环境分析不能忽略的一个要素。工会是为了与公司进行交涉而将员工团结在一起的一个团体。在西方国家，工会的力量非常强大，许多劳资冲突都要通过工会才能得到解决。在一个有工会的组织中，是工会而不是单个员工在和厂方进行谈判并达成协议。通常情况下，工会都是一个约束条件。例如，人力资源规划想要将一名维修工调到操作工的岗位上，但如果劳动协议对一个工作岗位上能做和不能做的任务做了规定，人力资源规划就不能做这样的安排。目前中华全国总工会是我国工会的最高领导机关，在国际活动中代表中国工会组织。中国工会的最高权力机构是中国工会全国代表大会。中华全国总工会执行委员会由中国工会全国代表大会选举产生，是中国工会全国代表大会的执行机构。在中华全国总工会执行委员会全体会议闭会期间，由主席团行使执行委员会的职权，主席团下设书记处，主持全国总工会日常工作。工会的地方各级领导机关是总工会委员会，各级地方总工会委员会是地方各级工会代表大会的执行机构，地方总工会根据本地区情况确定产业大会（包括局、总公司工会）组织的设置。产业工会是按照产业系统建立起来的工会组织。产业工会的设置主要分为全国产业工会和地方各级产业工会。全国产业工会的设置是由中华全国总工会根据需要确定的。各级地方产业工会组织的设置，由同级地方总工会根据本地区的实际情况确定。基层工会是中国工会的基本组织单位。企业、事业、学校机关等基层单位，有会员25人以上的，均可建立工会基层委员会；会员不足25人的，选举组织员一人，邻近的或性质相近的若干单位的组织员可以联合组成工会基层委员会。

我国工会在企业管理中的力量还没有那么强大，但也能在调节劳动关系上起一定的作用，因此，我们也要对工会的构成、功能、决策方式等进行分析研究。事实上，在现代企业运营过程中，工会维权的职能与制定过程中所期望的目标仍存在很大偏差。首先，工会仍局限于行使改革开放初期的政治职能和福利职能，忽视经济职能，在实际协调劳动关系中，能力十分薄弱。其次，工会的参与权、监督权、调查权等都没有发挥作用；在劳动争议处理中存在角色错位，倾向于站在企业一方，而非劳动者一方。

（五）非正式组织

人力资源管理的内部环境中存在两类组织：一类是正式组织；另一类是非正式组织。

一般而言，通过组织结构图和工作说明来描述正式组织。相对而言，正式组织更易于观察、分析和诊断。

企业中的非正式组织群体，是指在企业生产经营中自然形成的一种群体关系。非正式组织群体关系的存在，显示了员工之间广泛的社会关系，其凭借非正式的渠道，以感情为基础，群体成员的行为不受正式的约束。有的时候，一些通过正式组织解决不了的问题，可以通过非正式组织得到解决。

企业中非正式组织群体的作用具有两重性。这取决于非正式组织的目标和正式组织的目标的一致程度。当非正式组织的目标与正式组织的目标一致时，就会促进组织目标的实现。当非正式组织的目标与正式组织的目标不一致时，就会影响企业目标的实现。非正式组织群体在生产经营过程中，有时会形成约定俗成的工作标准，当这一标准与企业计划所规定的标准没有冲突时，企业的计划就能够较顺利地完成；若这一标准与企业的目标相冲突，则会阻碍或干扰企业目标的实现。非正式组织群体的这一作用，在企业亟须增加产量或超额完成任务时，会表现得尤为突出。非正式组织可以弥补正式组织沟通范围的不足。非正式组织群体的活动不受行政界限的限制，可以超越行政权力的时空，比正式组织沟通的范围大。因此，正式组织可以利用非正式组织群体这一特点来弥补自己的不足，扩大沟通的范围，做好自己的工作。如当企业实施一些重要决策或决定时，除了通过正式组织系统动员、布置外，还要利用非正式组织的力量。

人力资源管理实践的目的是为实现企业的目标服务。由于非正式组织对企业员工的心理满意度、工作积极性等也有较大的影响，因此人力资源管理环境研究要对非正式组织进行分析，以利于在工作中对非正式组织进行诱导。一般来说，每个非正式组织群体在形成及其活动过程中，都会逐渐浮现或产生出其领袖人物，这些领袖人物对群体的影响较大。因此，在分析具体的企业时，还要对这些领袖人物进行个案研究。

（六）企业的其他部门

不同企业有不同的部门设置，各部门的职责分工与合作各不相同，且主要的工作流程、部门间配合方式与配合程度各不相同。人力资源战略还应该考虑企业与其他部门子战略的配合。同时，人力资源战略与规划工作更需要各部门在实际工作中的鼎力支持。因此，在战略环境的分析中，企业其他部门的状况也应该得到充分考虑。

第三节 人力资源环境分析的方法

人力资源环境分析的方法有很多种，这里我们主要介绍常用的几种分析法：PEST 宏观环境分析法、SWOT 分析法、对环境不确定性的分析和处理以及波特的竞争环境五因素分析法。

一、PEST 宏观环境分析法

PEST 宏观环境分析法可以用来分析外部宏观环境对企业人力资源管理的影响。PEST 宏观环境分析法主要包括影响企业的四大类外部环境因素：一是政治/法律因素，主要指法律法规、国家政策等；二是经济因素，包括经济周期、消费、投资、失业、通货膨胀、利率、就业等；三是社会因素，包括人口数量和人口变化，收入分配，教育和培训，对工作和休闲的偏好，地理分布，社会文化和价值观等；四是技术因素，包括新发现和新发展、政府对科研的拨款和促进、技术转化的速度等。

PEST 分析主要有以下四个方面的作用：第一，它是一种使我们能够系统地认识环境的分析方法；第二，它有助于我们分辨出那些个别的、与某个特定场合相关的、关键的影响因素；第三，它可以帮助我们确认一个产业或企业之所以存在的长期驱动力；第四，它是一个用来历史性、前瞻性地研究外部因素对企业组织产生不同影响的框架。分析那些对企业有影响的外部因素有助于我们预测未来的情况，有助于我们判断发生 PEST 变化时哪些措施是适当的。其中的一些因素预测起来有较大的把握，例如，出生率可以让我们预知 15 年以后劳动力的潜在规模，而某些因素预测起来则比较困难。

二、SWOT 分析法

SWOT 分析是一种对企业的优势、劣势、机会和威胁的分析，S、W 分别指企业内部的优势和劣势，O、T 分别指企业外部的机会和威胁。企业内部的优势是相对于竞争对手而言的，表现在许多方面。衡量企业优势和劣势有两个标准：一是资金、产品市场等一些单方面的优势和劣势；二是综合的优势和劣势。可以选择一些因素评价打分，然后根据其重要程度进行加权，取各因素加权数之和来确定企业在比较中是处于优势还是劣势。

企业的外部环境是企业无法控制的。有利的外部环境可能对所有企业都有利，威胁也不仅仅是威胁本企业。因此，在这些情况下还要分析同样的外部环境到底对谁更有利或更不利。当然，企业与竞争对手的外部环境是不可能完全相同的，但许多时候都会有很多共同点，此时对机会与威胁的分析不能忽略与竞争对手的比较。SWOT 分析的做法是：依据企业的目标分析对企业发展有重大影响的内外部环境因素，继而确定标准，对这些因素进行评分，判定是优势还是劣势，是机会还是威胁；也可逐次打分，然后按因素的重要程度加权求和，以进一步推断优势、劣势的大小及外部环境的情况。

根据 SWOT 分析，在某些领域中，企业可能面临来自竞争者的威胁。在这些领域，企业会有些劣势。如果企业在某一领域具有优势并且存在外部机会，就要利用这些机会，它们是企业真正的优势。企业要尽可能采取一些措施将威胁消除掉，并对目前有优势的领域进行监控，以争取做到在潜在的威胁可能出现的时候已经做好了准备。

在进行 SWOT 分析后，企业就可以明确自己的市场地位，有利于企业选择适合自身战略规划的目标。在对企业进行分析时，要注意企业的优劣势是相对于竞争对手和市场而言的。分析要围绕企业的使命和目标，如果分析后发现企业的优势不足，劣势明显，无法抓住外部环境的机会，不足以应对外部环境的威胁，则在人力资源战略与规划中要进行修改。

三、对环境不确定性的分析和处理

有许多环境因素会对企业产生影响，企业必须面对这一现实并处理好环境不确定性的影响，方能保持经营的高效率。不确定性的结果使得决策人很难估计外部环境的变化，从而增加了企业的风险。企业试图通过分析不确定性因素，将环境影响减少到使人能够操作的程度。下面首先介绍如何对经营环境进行分类，然后探讨如何采取各种可能的对策以减少不确定性因素的负面作用。

显然，企业面临的环境不尽相同，不同环境所呈现出的不确定性也有高低之分。不确定性的程度可以用下面两个特性来划分：环境的简单或复杂程度、环境的稳定或不稳定（动态）程度。

环境的简单或复杂程度是指那些与企业经营有关的外部因素的多少。在一些复杂的环境中，许多种类不同的外部因素会对企业产生牵制和影响。复杂程度可能来自企业面临的环境的多样性（例如在不同国家经营的跨国企业），也可能来自处理环境影响所需知识的多寡。

环境的稳定或不稳定程度是指外部环境变化的速度。某些外部环境因素的变化速度明显超过其他因素。一般来说，高科技企业（如硅谷的计算机企业）处在极不稳定或多变的环境中，而政府部门则处在比较稳定的环境中。

环境的简单或复杂程度以及稳定或不稳定程度组成了四种环境状况，以及由此形成的不确定性程度。一是在简单与稳定的状况下，不确定性程度很低。企业面临的环境比较容易理解，变化不大，分析过去环境对现状的影响就有一定的实际意义。二是在复杂与稳定的情况下，不确定性有所增加。在外部环境分析过程中需要考虑众多因素；然而，这种情况下的外部因素变化不大，且往往在意料之中，在环境分析中是可以预测的。三是在简单与不稳定的情况下，不确定性进一步增加；企业的外部因素很少，然而这些因素很难预测。四是在复杂与不稳定的情况下，不确定性最高。企业面临着众多的外部因素，且变化频繁。当几种因素同时变化时，环境会发生剧烈动荡。那么，企业应如何降低环境不确定性的风险程度呢？从广义上讲，企业可以采用两种一般性战略来降低环境不确定性的程度。例如，企业可以调整或改变自己的行动以适应环境，这种做法称为内部战略；企业也可以试图改变环境以适应企业的需要，这种做法称为外部战略。

环境不确定性分析主要按照环境复杂与否、稳定与否两个维度分出四种不同的环境类型。通过这种方法，企业可以判断出外部环境不确定性程度的高低，并决定是采取内部战略、外部战略，还是混合战略。这种分析方法的优点是企业可以根据自己所处的环境类型，选择与之相匹配的战略。企业可以参照同行业内的其他企业，也可以学习成功企业的经验，找出最适合的战略。但是，这种分析方法也存在缺点，不同企业对环境复杂与否、稳定与否的感知是相对的。对于不同企业要进行具体分析，不可一概而论。高科技企业面临的技术环境变化迅速，企业对环境变化有预知和准备时，可能不认为其环境是复杂且动态的；但是制造业如果出现一项可能带来行业革命的新技术，对企业而言环境就是复杂且动态的，可能带来战略变革，相应的人力资源战略与规划也会发生变化。

四、波特的竞争环境五因素分析法

波特的竞争环境五因素分析法是由美国哈佛大学教授迈克尔·波特[1]在 1980 年提出的。该方法比较全面地反映了产业的竞争特点。

（一）现有竞争对手的威胁

现有竞争对手的威胁主要是指竞争者的数量与实力、市场的发展速度、固定成本的高低、产品之间的差异以及退出壁垒等。在分析竞争对手对企业的威胁之前，企业必须掌握

---

[1] 迈克尔·波特（Michael E. Porter，1947— ），男，哈佛商学院大学教授（大学教授，University Professor，是哈佛大学的最高荣誉，迈克尔·波特是该校历史上第四位获得此项殊荣的教授）。迈克尔·波特在世界管理思想界可谓"活着的传奇"，他是当今全球第一战略权威，是商业管理界公认的"竞争战略之父"，在 2005 年世界管理思想家 50 强排行榜上，他位居第一。

充分的信息。获知这些信息的途径包括：竞争对手的内部资料，广告，高管的演讲和发言，竞争对手的员工、供应商、客户等。了解这些信息对企业采取相应的战略非常必要。

（二）潜在竞争对手的威胁

潜在竞争对手由于当前没有对企业构成直接威胁，容易被企业所忽视。但是，这类企业一旦从事与企业相竞争的业务，往往会给企业带来较大冲击。分析潜在对手不能漫无目的，一定要关注最可能成为潜在竞争对手的企业的特征，包括有能力进行前后向整合的供应商和客户，有能力进行并购的大型企业，本行业进入壁垒较低的实力强大的企业等。潜在竞争对手的威胁主要取决于：

1. 规模经济

规模经济指随着企业规模的扩大而使单位产品成本降低、收益增加的经济现象。规模经济表现为，在一定时间内产品的单位成本随总产量的增加而降低。规模经济的作用迫使新进入者以较大生产规模进入行业，并冒着被现有企业强烈反击的风险；新进入者也可以较小的生产规模进入，但要长期忍受产品成本高的劣势。

2. 原始资本需求壁垒

进入者要进入新的产业，必须垫付一定的资本。有些行业，例如制药行业和科技行业要求投入大量的资金来建立公司并进行研究和开发，因而与资本投入相关的投资风险就会阻碍新公司进入该行业。

3. 产品差异性壁垒

产品差异表明产业内现有的企业在质量、产品性能、品牌、信誉等方面已经树立了良好的形象。这些产品差异化是由于企业在广告、用户服务、产品研究和开发、专用技术人员与设备等方面的差异，或者由于企业具有悠久历史才形成的。进入者要获得这种殊荣，必须在上述方面大量投资，如果进入失败，这些投资是收不回来的。

4. 相对费用壁垒

许多工业企业需要有特殊的原材料、专门人员和熟练工人以及高级管理人员，因而会发生较多的交易费用和培训费用。因此，在那些技术性较强的产业中，相对费用壁垒能在很大程度上抑制新企业进入。

5. 行政法规壁垒

国家通过行政手段或以法规的形式限制企业进入特定产业，从而形成行政法规壁垒。比如，政府可能会通过限制发放许可证（例如通信和电视广播行业）和限制外资的方式来限制某些公司进入某行业。

（三）用户的议价能力

用户的议价能力是指用户在购买企业产品的过程中要求更低价格、更高质量和更优质服务的能力，是用户和企业交易过程中谈判能力对比的结果。它取决于以下几个方面。

1. 用户的集中程度

用户的集中程度指用户从企业购买的产品占了企业销售量的很大比例。如大多数工业的产品用户少而集中，它们购买数量较大，对企业施加的压力较大。而零售业的产品用户多而分散，从单一购买行为和购买数量看，对企业施加的压力较小。

2. 用户从本企业购买的产品的标准化程度

一般而言，用户订制的产品带有较强的个性化色彩，通常通过小批量生产完成，成本较高；反之，企业的标准化产品由于大批量生产的规模效益，成本较低。

3. 转变费用

转变费用是指用户从向一个企业购买转向另一个企业购买时需要支付的费用。转变费用大，用户对产品挑选的余地就小，施加的压力也小。例如，用户所购买的产品或服务很容易被替代，在市场上充满企业的竞争者，则用户的转变费用较低，其议价能力就高。

4. 用户掌握的信息

用户对产品的质量、价格、售后服务等方面了解的信息越多，其选择余地就越大，对企业形成的竞争压力也就越大。用户掌握信息的途径包括网络、电视、报纸、其他用户的反馈、广告宣传、上市公司公开信息、企业高层管理者的发言和演讲、企业内部员工等。

（四）供应商的议价能力

供应商是指那些向行业提供产品或服务的企业、群体或个人，也包括劳动力和资本的供应商。供应商的威胁手段有两种：一是提高供应价格；二是降低所供应产品或服务的质量。这些手段可以使下游行业利润下降。如果供应商比较密集，并且从原来的供应商转向另一个供应商所涉及的成本比较高，那么供应商的议价能力一般较强。

许多因素会提高供应商在行业中的议价能力，从而降低公司在行业中的盈利性，这些因素包括：①市场中没有其他替代品；②公司提供的产品或服务独一无二；③供应商数量较少；④供应商的产品对企业而言很重要；⑤企业购买量占供应商总产量比例较低；⑥供应商能够并购企业，实现前向一体化。

（五）替代品的威胁

从广义上来讲，一个产业中的所有企业都在与生产替代品的其他产业进行竞争。替代品限制了某产业的潜在收益，使产业中的企业能够获利的价格上限受到了一定的限制。替代品指和本产业产品起相同作用的那些产品。产品替代有直接产品替代和间接产品替代（能起到相同的作用）两种表现形式。替代品的威胁取决于：①替代的程度；②价格比；③替代品的盈利能力。从一般意义上说，若替代品具有较强的盈利能力，则会对本产业原有产品形成较大压力；④生产替代品的企业所采取的经营战略，如果采取迅速增长、积极发展的战略，则构成对本产业的威胁；⑤用户的转换费用，用户改用替代品的转换费用越小，则替代品对本产业的压力越大。

随着经济全球化，企业之间的关系越来越紧密，信息技术的发展、消费者需求的多样化以及市场环境的瞬息万变，使企业之间不仅仅是通过竞争才能发展，也需要建立一种伙伴关系。实践表明，新时期企业的关系应该是竞合的，且合作往往比竞争更有优势。因此，波特的五因素分析模型在不同的时代其作用是不同的，我们在运用模型进行分析时也要考虑它的局限性。关于五因素分析模型的实践运用一直存在许多争论，较为一致的看法是：该模型更多是一种理论思考工具，而非可以实际操作的战略工具。该模型的理论是建立在以下三个假定基础之上的：一是战略制定者需要了解整个行业的信息，显然现实中是难以做到的；二是同行业之间只有竞争关系，没有合作关系，但现实中企业之间存在多种合作关系，不一定是你死我活的竞争关系；三是行业的规模是固定的，只有通过夺取对手的份额来占有更大的资源和市场，但现实中企业之间往往不是通过吃掉对手而是与对手共同做大行业的蛋糕来获取更大的资源和市场。同时，市场可以通过不断开发和创新来增大容量。

第三章 人力资源战略的制定与实施

第一节 人力资源战略方案的内容构成

人力资源战略从企业使命的角度定义了人力资源管理工作的落脚点，并为完成这一使命提出目标、做出谋划。作为一种总体性谋划，人力资源战略具有一定的内在结构。关于人力资源战略的内容构成，众多学者提出了不同观点。本书在综合各种观点的基础上，认为完整的人力资源战略方案包括人力资源战略指导思想、人力资源战略目标和人力资源战略措施。

一、人力资源战略指导思想

人力资源战略指导思想是指导战略制定和执行的基本思想。确定人力资源战略指导思想应该注意以下问题。

第一，以企业发展目标为导向。人力资源战略的轴心应该是企业的发展目标，各项人力资源战略目标和规划措施都应该围绕企业发展目标加以开展。

第二，实现人力资源管理系统的整体优化。人力资源管理系统是一个由各个方面有机结合而成的复杂系统，要对诸功能模块要素进行优化组合与合理配置，实现系统整体优化，协调和平衡局部与局部之间、局部与整体之间的相互适应关系，力求提高人力资源管理效率和效益。

第三，放眼长远，统筹未来。制定和实施企业战略都必须具有长远观点，切忌急功近利。

第四，以人为本。实现以人为中心的管理，真正体现尊重人、理解人和关心人，充分依靠和调动员工的积极性，尊重员工的首创精神。

二、人力资源战略目标

人力资源战略目标是指企业通过实施人力资源战略，在人力资源的吸引、开发、使用等方面要达到的绩效。人力资源战略既要考虑组织目标的实现，又要考虑员工个人的发展，强调在实现组织目标的同时实现个人的全面发展。人力资源战略目标包括环境目标、配置目标、职能目标等。人力资源战略是一种特殊的职能战略，是公司战略的实施保障，甚至有时候是公司战略的重要组成部分。因此，人力资源战略的目标应尽可能具体、现实。

（一）人力资源战略目标的内容及层次

1. 人力资源战略目标的内容

人力资源战略目标包括人力资源部门的战略目标和非人力资源部门的战略目标。显然，两者有所不同，属于专业的人力资源部门的战略目标不一定是全体管理人员的人力资源战略目标与任务，而属于全体管理人员承担的人力资源战略目标，一般都需要专业人力资源部门的支持。

人力资源战略目标主要包括以下三个方面：首先，保证组织对人力资源的需求得到最大限度的满足；其次，最大限度地开发与管理组织内外的人力资源，促进组织的持续发展；最后，维护与激励组织内部人力资源，使其潜能得到最大限度的发挥，使其人力资本得到应有的提升与扩充。

2. 人力资源战略目标的层次

人力资源战略目标应该包括以下三个层次。

第一，直接目标：吸引员工、留住员工、激励员工和培训员工。

第二，具体目标：提高员工生产率、改善工作质量、遵从法律的要求、获取竞争优势、增强员工的灵活性。

第三，最终目标：维持组织的生存、促进组织的发展和利润增长、提高组织的竞争力和适应内外部环境的灵活性。

（二）人力资源战略目标的特征及作用

1. 人力资源战略目标的特征

科学的人力资源战略目标应该具有六个方面的特性，即明确性、现实性、激励性、可接受性、可操作性和可检验性。

第一，明确性。人力资源战略目标的表述必须明白无误，言简意赅，易于被人理解，不致产生歧义。

第二，现实性。人力资源战略目标不是凭空想象的，必须从实际出发，实事求是。因此，在制定目标时，必须以人力资源现状分析和人力资源发展预测的结果为客观依据。

第三，激励性。人力资源战略目标要能够起到激励作用。目标的制定要适当，过高难以实现，过低又缺乏挑战性，要在人们努力程度可以达到的范围之内。同时，目标的表述要铿锵有力，朗朗上口，要能激发员工的活力。

第四，可接受性。人力资源战略目标的实现，是全体人员共同奋斗的结果，因此要得到全体人员的认可和接受。而要做到这一点，就要兼顾各方利益，也就是说，人力资源战略的目标与相关各方的利益之间不能存在冲突。因此，在制定人力资源战略目标时，要充分征求有关各方的意见，权衡利弊，谨慎行事。

第五，可操作性。人力资源战略目标的制定是为了实施。既然如此，目标本身就要便于按层次、系统和时间阶段分解，要能够转化为具体的可操作的目标和计划，最终明确到若干个具体任务，具体分配给相关的部门或个人，以利于工作的完成和战略目标的实现。

第六，可检验性。人力资源战略目标应该是可以检验的，否则，我们就无从知晓战略目标完成与否。人力资源战略目标要具有可检验性就是要使目标定量化。越是近期的和具体的目标，越应该量化。但是，对于长期的目标，全部量化的确具有一定的难度，这时需要用明确的、详细的定性术语来表达，并辅之以量化的范围或进度以便于检验。

2. 人力资源战略目标的作用

人力资源战略目标既是人力资源战略构成的基本内容，也是人力资源管理工作需要遵循的工作指南，还是通过一定时期的努力后所要达到的结果和期望。

人力资源战略目标的作用主要表现在四个方面，即在战略体系中的作用、在战略制定过程中的作用、在战略实施过程中的作用和在战略控制过程中的作用。

第一，在战略体系中的作用。在人力资源战略的构成中，人力资源战略目标是不可或缺的根本因素，处于核心地位，其他因素都要服务和服从于这个目标。

第二，在战略制定过程中的作用。人力资源战略目标是战略选择和对策组合的基本依据和出发点，科学的战略目标既能体现人力资源主体系统的发展方向和企业的具体期望，又能体现出战略制定的基本思路。

第三，在战略实施过程中的作用。人力资源战略目标是人力资源战略实施的指导原则，它能从战略的层面引领人力资源主体系统的发展和运行，有效配置人力资源，固化人力资源战略的具体模式。

第四，在战略控制过程中的作用。评价和检验人力资源战略好坏和实施效果的标准就是人力资源战略目标，人力资源战略目标是否得以实现是衡量战略成功与否的标尺，企业往往根据人力资源战略目标确定的发展轨迹来决定是继续执行原有战略还是对原有战略进行必要的修正。

（三）人力资源战略目标的实现期限

设立战略目标的同时，应定有每个项目预定完成的期限，以便进行检查、自我控制、评价和调整。战略目标分为长期战略目标与短期战术目标。前者的实现期限通常会超出一个现行的会计年度，通常为 5 年以上；后者是执行目标，是为实现长期战略目标而设计的，它的实现期限通常在一个会计年度内。若干个战术目标共同支撑和构成战略目标。

三、人力资源战略措施

人力资源战略措施表达的是如何传达和实施人力资源战略，将涉及如何通过招聘、培训、绩效评估和薪酬设计等手段去实施人力资源战略。

（一）获取与配置的战略措施

人力资源的获取与配置作为整个人力资源战略管理的重要组成部分，有其独立的运行过程，并与企业战略目标和人力资源战略管理其他子系统互为支持、相辅相成。根据这一过程中战略措施是保守还是进取，可以将获取与配置过程中的战略措施分为如下两类。

1. 保守型战略措施

（1）以内部获取为主。内部获取是指在企业内部获得企业所需要的各种人才。内部获取通常是通过竞聘上岗的方式来完成的。竞聘上岗需要解决两个问题：一是适宜担任某一职务的人有哪些；二是谁最适合担任这一职务。

（2）以人岗匹配度为决策依据。采用适人适岗的决策是保守型战略措施之一。保守的企业通常不用过于拔尖和过于创新的人才，适人适岗不仅能节省用人的成本，同时也能减少用人的风险。

（3）对直接主管充分授权。录用决策不采用集中的形式，而是采用用人部门和单位的主管直接决策的方式。这样既可以避免一线主管对用人的抱怨，又便于上级领导对业绩考核毫不放松的坚持。

（4）部分员工采用灵活的录用方式。企业经常面临生产的旺季和淡季，在这种情况下，采用劳务派遣、非全日制用工、大学生实习等录用方式，有利于降低成本和风险，使企业在淡季和转变业务时裁减某些冗余员工而不会引起不必要的震荡。

2. 进取型战略措施

第一，以外部招聘为主。通常企业中出现以下一些情况时，需要从外部获取人才：须储备或使用稀缺人力资源、引入了新的生产线和生产工艺、急需一些专业人才、急需中层以上尤其是高级管理人员、战略转变产生空缺岗位等。

第二，录用权集中在企业人力资源部。录用授权采用高度集中的方式，由企业人力资源部和人力资源高级主管决策，会导致用人部门不能在选人过程中充分表达意见，没有最终的录用权限。

第三，采用正式录用的方式任用新员工。进取型战略选择属于"大手笔"的录用方式，要么不用，要么就签订正式的劳动合同，很少采用劳务派遣、非全日制用工等形式，企业用人成本高，面临风险比较大。

（二）绩效管理战略措施

人力资源管理支撑企业战略目标的实现，从根本上讲，在于通过绩效目标分解来实现对战略的传递，同时借助战略性的绩效考核来促进个体、团队和整个企业绩效的持续改进，提升企业的核心能力和竞争优势。

建立战略导向的企业关键绩效指标（Key Performance Indicator，KPI）体系是绩效管理战略措施中的关键，它不仅能成为企业员工行为的约束机制，还能发挥战略导向的牵引作用。通过将员工的个人行为、目标与企业的战略相契合，能有效地阐释与传播企业的战略，它是企业战略的实施工具，是对传统绩效考核方法的创新，这一体系尤为强调战略在绩效考核过程中的核心作用。

以 KPI 指标为核心的战略性绩效管理系统，主要包括绩效计划、绩效辅导、绩效考核、绩效反馈与结果运用四个环节，它们构成一个完整的循环，从而实现对企业战略目标的支撑。

（三）薪酬管理战略措施

企业在提出薪酬管理战略措施时，要对企业所处阶段和环境展开分析，保证战略措施适合本企业，提出的措施要具有可操作性，使它们能有效运行。例如，要建立基于绩效的薪酬机制，就要在薪酬分配制度中采取向关键岗位的关键人才倾斜，向高科技、高技能人才倾斜，对高层管理人员逐步实现年薪制等措施。

薪酬管理战略措施也可以分为保守型和进取型两类。

（四）人力资源开发战略措施

人力资源素质的提高是人力资源战略和企业战略实现的关键，常见的人力资源开发战略措施有如下几项。

第一，帮助员工制订并实施职业发展规划。以员工业绩和所具潜力为基础，系统地使用技术和管理培训、工作轮换、国际化派遣、职务提升等具体发展手段，为员工制订职业发展规划，赋予员工更多责任，使员工不断积累经验和提升能力、素质，尽可能地发挥其潜能。

第二，拓宽员工的职业发展道路。企业可以通过制订企业的岗位序列计划，设计不同的晋升路线，为员工提供不同的发展路径。传统的职业生涯路线往往是单线条的，这种单线式的职业生涯系统会使得专业人员在地位、薪酬、发展机会等诸多方面均不如管理人员，解决的办法就是为员工提供一个多重的职业生涯发展路线。通常，企业根据不同岗位的特点和职务发展层次，可以设计"多线推进"的晋升系列，包括管理系统晋升系列、技术系统晋升系列和业务系统晋升系列。每一系列都设置由低到高的职务晋升路径，并明确每一职位的职责及所需要的经验、知识和技能。员工在多重职业发展路线上可以采取"直线"升迁方式，即沿着自己选定的职能/专业直线发展，直至该系列的高端；也可以是"旁线"升迁或平级流动方式，即转换到其他系列继续发展。

第三，加强创新型人才的培养。创新型人才就是具有创造性思维的人才。根据创新型人才的特点，要对他们采取各种激励、培训的手段，如实行科技成果评定奖励制度、实行优胜劣汰的聘任制度、创立人才培养基金等，营造创新人才培养所需要的良好氛围。

（五）员工关系战略措施

企业可以采取一些战略措施来促进员工关系健康、和谐发展，常见的措施包括以下几项。

第一，拓宽沟通渠道。管理层通过畅所欲言活动、总经理信箱、企业内部论坛、工会组织等沟通渠道，耐心倾听员工的声音，可以发现员工关心的事物，了解员工对企业的满意度和忠诚度。

第二，实施非解雇政策。在经济不景气或经济情势变迁时，有些企业以提高生产效率来降低企业风险，因而出现大量裁员现象。但研究发现，有许多企业实行的是另一种措施，即建立企业内部就业安全制度，以避免因大量辞退员工而造成的劳资争议，减轻对员工的伤害，促使企业健康发展。还有一些大公司采取了全面减薪不减员的措施，以保障员工内部的就业安全。

第三，提升工作生活质量。工作生活质量是指在工作中，员工所产生的心理、生理健康的感觉。组织一般可以通过工作的多样化、民主参与的管理方式、提供良好的工作环境等措施来提高员工的工作生活质量，从而达到组织目标与员工目标共同实现的目的。

第四，建立员工帮助计划。员工帮助计划，又称员工帮助项目或员工援助项目，就是企业帮助员工及其家属解决心理健康及工作、生活问题，如工作适应、感情问题、法律诉讼等，帮助员工排除障碍，营造工作与生活融洽的舒适环境，使员工更加认同企业。

第二节 人力资源战略的类型及选择

一、人力资源战略的类型

人力资源战略从不同角度可以划分为不同的类型，为了实现不同的组织目标，企业必然选择不同的人力资源战略。下面将介绍常见的人力资源战略分类。

（一）基于战略重点的分类

基于人力资源战略重点的不同，人力资源战略可以分为吸引战略、投资战略和参与战略。

1. 吸引战略

吸引战略与成本领先的竞争战略相联系，主要是通过丰厚的薪酬来吸引人才，从而形成一支稳定的高素质的员工队伍。常用的薪酬制度包括利润分享计划、奖励政策、绩效奖酬、附加福利等。由于薪酬较高，人工成本势必增加。为了控制人工成本，企业在实行高薪酬的吸引战略时，往往要严格控制员工数量，所吸引的也通常是技能高度专业化的员工，招聘和培训的费用相对较低，管理上则采取以单纯利益交换为基础的严密的科学管理模式。

2. 投资战略

投资战略与差异化的竞争战略相联系，主要通过聘用数量较多的员工，形成一个备用人才库，以提高企业的灵活性，并储备多种专业技能人才，这种战略注重员工的开发培训，注意培育良好的劳动关系。在这方面，管理人员担负了较重的责任，以确保员工得到所需的资源、培训和支持。采取投资战略的目的是要与员工建立长期的工作关系，故企业十分重视员工，以员工为投资对象，使员工感到有较高的工作保障。

3. 参与战略

参与战略与集中化的竞争战略相联系，它谋求员工有较大的决策参与机会和权力，使员工在工作中有自主权，管理人员更像教练一样为员工提供必要的咨询和帮助。采取这种战略的企业很注重团队建设、自我管理和授权管理。企业在对员工的培训上也较重视员工的沟通技巧、解决问题的方法、团队合作技巧等内容。

（二）基于企业变革程度的分类

根据企业变革程度，可将人力资源战略分为四种类型：家长式战略、发展式战略、任务式战略和转型式战略。

1. 家长式战略

家长式人力资源战略主要运用于避免变革、寻求稳定的企业，其主要特点是：集中控制人事的管理；强调程序、先例和一致性；进行组织和方法研究；硬性的内部任免制度；人力资源管理的基础是奖惩与协议。

2. 发展式战略

当企业处于一个不断变化和发展的经营环境时，为适应环境的变化，企业将采取发展式人力资源战略，其主要特点是：注重发展个人和团队；尽量从内部进行招聘；实施大规模的发展和培训计划；运用内在激励多于外在激励；优先考虑企业的总体发展；强调企业整体文化；重视绩效管理。

3. 任务式战略

采取任务式战略的企业面对的是局部变革，战略的制定采取自上而下的指令方式。这种单位在战略推行上有较大的自主权，但要对本单位的效益负责。

采取这种战略的企业依赖于有效的管理制度，其特点是：注重业绩和绩效管理；强调人力资源规划、工作再设计和工作常规检查；注重物质奖励；内部和外部招聘并重；进行正规的技能培训；有正规程序处理劳动关系问题；强调战略事业单位的组织文化。

4. 转型式战略

当企业完全不能适应经营环境而陷入危机时，全面进行变革势在必行，企业在这种紧急情况下没有时间让员工较大范围地参与决策。彻底的变革有可能触及相当部分员工的利益，因而不可能得到员工的普遍支持，企业只能采取强制高压式的全面变革，它包括企业战略、组织机构和人事任用方面的重大改变，可能会创立新的结构、领导和文化。

与这种彻底变革相匹配的是转型式人力资源战略，这种战略重在调整员工队伍的结构，进行较大规模的裁员，缩减开支，从外部招聘管理骨干；对管理人员进行团队训练，建立新的企业理念；打破传统习惯，摒弃旧的组织文化；建立适应经营环境的人力资源管理体系。

（三）基于员工管理理念的分类

基于公司对员工的管理理念，可将人力资源战略分成三种类型：累积型、效用型和协助型。

1. 累积型战略

累积型战略即用长远观点看待人力资源管理，注重人才的培训，通过甄选来获取合适的人才。基于建立员工最大化参与的技能培训，以获取员工的最大潜能，开发员工的能力、技能和知识。

2. 效用型战略

效用型战略即用短期的观点来看待人力资源管理，较少提供培训。基于对员工的承诺及高技能利用极少，录用具有岗位所需技能且立即可以使用的员工，使员工的能力、技能与知识能配合特定的工作。

3. 协助型战略

协助型战略介于累积型和效用型战略之间，个人不仅需要具备技术性的能力，同时在同事间还要有良好的人际关系。在培训方面，员工个人负有学习的责任，公司只提供协助。可见，当企业将人力资源视为一项资产时，就会采取累积型战略，加大培养力度；而当企业将人力资源视为企业的成本时，就会选择效用型战略，只提供较少的培训以节约成本。

（四）基于人力资源管理环节的分类

在人力资源管理实践中，根据管理环节的不同，可将人力资源战略划分为获取战略、使用及培养战略和保留战略。

1. 获取战略

从人力资源获取的角度将人力资源战略分类如下：完全外部获取战略、完全内部获取战略和混合获取战略。以下阐述各种战略模式的特点及适用条件。

（1）完全外部获取战略

顾名思义，完全外部获取战略即企业的人力资源完全从外部市场获得。此战略的目标在于使企业的培养成本最低。采取完全外部获取战略的企业与员工之间通常是一种纯粹的利益关系，两者之间的权利和义务主要是依靠契约确立的。因此采用此类战略的企业，其员工流动率通常会比较高，企业主要依靠有竞争力的薪酬吸引劳动力进入企业，因此选择此类战略要求企业所在地的劳动力市场相对较发达。通常采用这类战略的企业对员工的投入主要表现在薪酬上，而在培训等方面的花费很低。这类人力资源战略要求企业的工作说明及各类规范制度完善、明确，企业尽量实行标准化的管理，减少企业活动对员工的依赖，并将工作说明作为招聘时对申请人员进行审核的主要依据。

完全外部获取战略适用于所在地劳动力市场较健全的企业，因为这类企业可以随时在市场上招到需要的人；同时，采用该战略企业的各类活动通常标准化程度较高，对员工的依赖性较低。

完全外部获取战略的优点在于从外部获取人员，能够吸纳大量优秀的各方面人才，使员工队伍更加优良，进而加强企业的创造力；该战略的缺点在于员工对企业的认同感不强，企业员工队伍不稳定，并且具有不同的文化背景，这样会加大员工之间的观念冲突，增加企业的协调沟通成本。

（2）完全内部获取战略

完全内部获取战略即企业人员绝大部分是由内部获取。这类战略的目标在于通过培养内部员工提高企业凝聚力，从而提高企业竞争力。采取完全内部获取战略的企业与员工的关系不仅仅是契约关系，企业会通过福利、培训等方式加强员工的归属感，因此企业在员工身上的投资大幅度增加。完全内部获取战略的工作规范不是很严格，在招聘时主要的依据也不是工作规范，而是重视申请人员的培养潜力。

完全内部获取战略适用于企业文化较强大，能够在很大程度上影响企业员工行为的企业，同时企业活动对于团队合作的程度要求较高。

完全内部获取战略的优点在于通过内部培养人才，能够加强员工对企业的认同感，会使企业的人力资源队伍相对稳定，且企业内部的沟通会相对顺畅；这类战略的缺点在于企业员工的流动率较低，因此企业的创造力会下降。

（3）混合获取战略

混合获取战略即企业的员工通过外部市场和内部市场相结合的方式获得的战略模式。

混合获取战略是通过综合外部获得人力资源和内部培养两种方式的优缺点，对企业的不同类型人员运用不同的获取方式，进而达到人力资源获取的最优。例如，有的企业对中高层管理人员的企业认同感要求较高，就会考虑对这个层次的员工使用内部获取战略，而对于从事基本工作的员工，企业可能会考虑使用外部获取战略；也有的企业考虑到对研发设计人员的创造性要求较高，因此可能主要会使用完全外部获取战略，而考虑到对市场销售人员的企业忠诚度要求较高，因此企业会考虑使用内部培养战略。

混合获取战略适用于规模较大、部门较多的企业。此战略的优点在于综合使用两种战略，对不同的人员采用不同的管理方法，使得人力资源管理更加合理和科学。此战略的缺点在于增加了人力资源部门的工作量，对企业人力资源部的要求也较高。如果企业的人力资源部门不能很好地实施各项战略，会造成企业人力资源管理的混乱，进而影响员工的工作。

2. 使用及培养战略

从人力资源使用和培养的角度对人力资源战略进行分类，将这两类功能合并起来，从企业对这两项功能投资多少的角度看，人力资源战略分为低成本战略、高投入战略和混合战略三类。

（1）低成本战略

低成本战略即尽量降低企业使用员工的成本。此战略的主要目标在于最大限度地降低人力资源的使用成本。选择此战略的企业基本没有对员工的培训，对员工的考核主要是通过对工作结果的评价得出的，往往以企业利益最大化为指标考核员工。此类战略下，员工与企业的关系是单纯的契约关系，员工对企业的认同感不强，企业在员工身上的投资也很低。企业也不会为保留员工而增加用人成本，因此人员流动率较高。采用此类战略的企业也会尽量降低招聘的成本。

以成本优势为核心竞争力的企业会采用这种人力资源战略。这种战略的使用会带来高员工流动率，因此采用此战略的企业通常具有以下特征：①企业所在地的劳动力市场相对健全，不会因为人力资源的流失而影响到企业的正常活动；②组织结构为机械式组织，这种组织结构具有层级严格、职责固定、高度正规化、沟通渠道正式、决策集权化等特点；③产品更新速度不快，生产活动标准化程度高。

低成本战略的优点在于最大限度地降低了人力资源管理的成本；缺点在于从降低成本的角度考虑人力资源管理活动，可能会降低员工对企业的忠诚度，导致企业员工凝聚力差。

（2）高投入战略

高投入战略即在用人和育人方面投入较大的人力资源战略。此战略通过对员工队伍增加投资，进而提高企业效率。该战略的主要特点在于对员工的投入较大，企业关注员工在企业内的成长，并因此投入人力、物力，企业人员的流动率也就相对较低。此类战略对员工的考核也不再是只关注结果，而是结合过程和结果共同进行。在培训方面，企业也会付出大量物力给员工以较好的培训。员工的成长带动企业成长是该战略的目标所在。在招聘方面，企业为了招聘到优秀的员工投入也会较大。

此类战略适用于以下几类企业：①以团队精神、创造力等因素作为核心竞争力的企业；②产品更新快、创造性要求高的企业；③采用有机式组织结构的企业，因为该类组织的特点是合作、不断调整职责、低正规化、低复杂性和分权化。

高投入战略的优点在于企业对员工的高投入，能够吸纳或培养大量的优秀员工，提高企业的整体竞争力；缺点在于企业对员工的投入高会提高企业的成本。

（3）混合战略

混合战略即混合使用上述两种战略的人力资源战略。该战略通过对不同的员工使用低成本战略或高投入战略，从而使企业的资源得到最优化使用。该战略的特点是综合了以上两种战略的特点，并根据具体情况使用在不同员工身上。例如，企业可能对高技术研发人才采取高投入战略，而对生产线上的工人实施低成本战略。

混合战略通常适用于规模较大、员工数量较多、职能划分较明确的企业。该战略针对不同的员工采用不同的战略，综合两者的优势，使人力资源管理更加科学和合理。缺点在于它需要企业具有较强的人力资源管理能力，如果企业不能良好地执行既定的战略，往往会造成人力资源管理的混乱，其效果可能反而不如使用单一的人力资源战略所达到的效果。

3．保留战略

从保留人才的角度，可将人力资源战略分为不留人战略、培养留人战略和诱导留人战略。

（1）不留人战略

采用不留人战略的企业不会努力采取措施来留住人才，这种战略的目标在于降低人力资源管理成本。在这种战略指导下，企业与员工的关系是契约关系或临时契约关系，企业对员工的投入主要局限于薪酬方面，培训方面的投入很少，且薪酬水平不会高于市场平均水平。

由于该战略下企业对员工投入少，因此员工流动率较高。该战略适用于劳动力相对充足地区的企业，以及机械式结构的企业，这些企业活动标准化程度高，对员工依赖度低，不用担心员工的离开会使企业陷入困境。

不留人战略的优点是企业基本不会努力采取措施留住员工，因此可以节省企业的成本；缺点在于该战略可能会使大量的优秀员工流失，从而减弱企业竞争力。

对于任何行业和企业来说，裁员都是正常的行为，因为任何行业和企业都有周期，都要经历盛衰荣辱。

高科技产业的周期相对于传统产业来说更短，因此裁员的可能性也更高。目前无论是国内还是国外，IT 企业管理阶层的同质性和企业架构的同构性，都造成了裁员可能性的增大。同样的性质，同样的架构，同样的技术，当产业发生变化，客户的兴趣发生变化时，很容易产生整个行业的大面积裁员，形成裁员风潮。所以裁员往往既是意外又是必然。只有那些幸运的或是有眼光的 IT 企业，在每一轮技术革新上都选择正确的方向，不断发现顾客新的需求，才能避开裁员的浪潮。

从某种程度上来说，企业裁员也是一种投资，因为企业要为被裁掉的员工买单，要减轻包袱寻找新一轮的发展机会。既然是投资，那么就应该尽量降低成本。有一个问题，企业在裁员时应该好好考虑，那就是人才的通用性和可转移性。因为按照我们的调查，员工接受和掌握技能培训是相对简单的和容易的，而接受企业的文化、观念和价值观是比较难的。因此，如果能够经过简单的技能培训，把老员工转向新的领域，无须灌输企业文化和价值观，无疑是最廉价和方便的选择。这种情况在低技术企业中比较常见。例如，康师傅最早是做方便面的，接着进入茶饮料市场，后来开始做果汁。在这个过程中康师傅不用裁员再招收新技术工人，工人只要经过简单的技术培训，直接上岗就可以了。所以，康师傅不用裁员，它的人员储备一直处于扩张状态。当然，技术、市场的相关联也是康师傅不用裁员的一个重要原因。这从反面给了 IT 企业一个经验：进行多元化发展时，尽量进入相关联的产业和市场，这样技术更新幅度小，成本低，员工只需要经过简单培训即可上岗，最重要的是如此一来裁员风险便会降低。

（2）培养留人战略

培养留人战略即通过为员工提供量身定做的相关培训来吸引员工，进而留住员工。该战略的目标在于通过为员工提供有针对性的培训以及良好的锻炼机会，提高员工的技能水平，提高企业的工作效率，同时留住优秀的员工。此类战略重视员工的培训活动，因此在招聘时，企业会重视员工的潜力而不仅仅是技能。为了更好地让员工得到锻炼，企业会提供岗位轮换的制度，并为员工制订适合的培训计划。此战略下，企业对员工的投入主要体现在培训上，在薪酬方面会与市场水平基本相当或略低于市场水平。

培养留人战略适用于以下条件的企业：①资金实力相对不够强，但在培训员工方面有相当的积累的企业；②处于成长期的企业，因为企业处于成长期，会给员工提供更多的锻炼机会和上升空间；③处于产品更新速度较快的行业的企业，因为产品更新速度快，要求企业员工的知识更新速度也很快，因此对员工的培训也是很重要的。

培养留人战略的优点在于成本相对较低；缺点在于见效时间较长，速度较慢。

（3）诱导留人战略

诱导留人战略即通过高薪酬来留住人才的战略。此类战略的目标在于通过高薪留住企业优秀的人才，增强企业的核心竞争力。该战略对员工的投入主要体现在高出市场水平相当部分的薪酬上，培训方面基本没有投入。此战略对招聘工作中的选拔环节要求较高，因为必须招聘到适合岗位的优秀人才。此战略的优点在于见效速度快，同时可以用高薪留住大量优秀人才，保持企业竞争力；缺点在于高薪酬会给企业带来负担。

（五）基于与企业战略关系的分类

依据人力资源战略与企业战略的关系，将人力资源战略分为创新型战略、肯定型战略和响应型战略三个类型。

1. 创新型战略

在这种情况下，人力资源战略不仅与企业战略相一致，而且在某些方面引领企业战略，对企业的竞争战略有巨大的影响。在创新方面，人力资源战略特别强调企业文化，强调自我导向、团队意识，倡导开放与合作的企业文化。注重决策的参与性以及信息的交流是此种类型战略的特点。

2. 肯定型战略

肯定型战略强调人力资源战略与企业战略之间内外部的一致与匹配。在强调外部环境影响的同时，也更加注重企业本身的核心素质，认为人力资源战略是企业内部与外部信息交换的产物。因此，肯定型人力资源追求的是平衡、匹配。具体特点是：注重内、外部环境的有机结合；在制定战略时需要充分考虑所有相关利益者的利益。

3. 响应型战略

与前面两种人力资源战略类型不同，响应型人力资源战略表现为消极地应对环境与企业战略。似乎企业战略与人力资源战略是两条平行的轨道，人力资源战略只是被动地与企业战略相结合，而不是主动地与企业战略建立联系，采取的是一种跟随策略，被企业战略牵着鼻子走。表现出来的特点是：对外部环境不敏感；对组织的核心素质没有系统分析；没有建立起与人力资源战略相衔接的流程方式；由于概念上落后于公司战略，人力资源部门的职能被削弱、合并。

以上对人力资源战略的分类，只作为基本的人力资源战略分类。其中适用的条件也只是归纳了一般的情况，企业在进行选择时还需要考虑很多自身的具体因素。

二、人力资源战略的选择

由于每个企业所采用的企业战略、竞争战略、所处的生命周期以及所属产业特点都有所差异，因此在制定本企业的人力资源战略时，要综合考虑上述条件，力求达到与企业的发展模式相匹配，制定出个性化的符合企业自身特点的人力资源战略。

（一）与企业战略相匹配的人力资源战略选择

企业战略是企业立足于全局的整体策略，是对企业总体的行动路线和发展方向的规划，主要回答组织是继续扩张、维持还是收缩这类重大全局性问题。美国管理学者德鲁克（Drucker）在对战略选择进行深入研究后，按战略态势提出了三种战略类型，即稳定型战略、收缩型战略和扩张型战略。[①] 企业战略决定了企业的总体发展目标和方向，因此也就决定了企业内部的发展目标，同时决定着人力资源战略的发展方向和目标。

1. 基于稳定型战略的人力资源战略选择

稳定型战略是指企业立足于把各种资源分配和经营状况维持在目前的状态和水平上的战略。采用稳定型战略的企业通常所具有的条件包括：企业所处的外部环境较为稳定，而企业本身也是成功的；企业经过一阵激烈的增长或收缩之后，采取稳定型的战略利于企业休养生息，等待机会。

稳定型战略的特点是企业的经营基本保持目前水平，不会有大的扩张或收缩行动。因此，采用此种战略的企业的组织一般不会调整，人力资源战略也会相对稳定，即人力资源战略的目标就是谋求人力资源活动的稳定运行，不会出现大量的裁员或招新等这样的行动。由于企业处于维持现状的状态，企业成长的机会有限，企业给予员工的发展和锻炼的机会也很少，因此有可能会导致部分员工的离职。公司采取稳定型战略时，人力资源战略的重点是留住公司的核心员工，维持公司人员的稳定，所以可以考虑从留人的角度选择人力资源战略。如果公司的生产活动对员工依赖性较低，完全可以选择不留人战略，以节约开支，维持现有生产水平。

2. 基于收缩型战略的人力资源战略选择

收缩型战略是指企业从目前的战略经营领域收缩或撤退，以摆脱目前或将要出现的困境，等待状况转好时机成熟时东山再起。企业采用收缩战略的条件有：企业以前的战略失败，而立刻采取新的扩张战略又缺乏应有的资源；企业市场占有率下降、利润率低，却又无力扭转局势；环境中存在巨大的威胁因素，而企业的内部条件又不足以克服这些威胁；企业打算从本行业撤出，通过采取紧缩战略，调整资源准备进入新行业。

收缩型战略的特点是企业经营范围或领域缩小，也可能完全退出某些经营领域。采用此战略的企业，要对组织的结构以及经营管理程序进行重新的思考和选择，以降低运营成

---

① 尹乐，苏杭. 人力资源战略与规划 [M]. 杭州：浙江工商大学出版社，2017：88.

本。人力资源战略肯定要做相应调整，降薪和裁员是通行的做法。采取收缩型战略的企业的人力资源战略的重点是规划和实施好员工的解雇工作以及对剩余员工的管理工作。员工的解雇主要包括解雇人员的计划、解雇的方式以及再安置的问题，对于剩余员工的管理，主要是增强员工安全感和提高员工士气的问题。

3. 基于扩张型战略的人力资源战略选择

扩张型战略是指企业扩大经营领域的规模，或向新的经营领域拓展的战略。扩张型战略的特点是扩大或开辟新的经营领域。实现扩张的途径有两种：内部途径包括开发新产品、开辟新销售渠道、增加市场份额等；外部途径有收购其他企业、创办合资企业等。企业采取扩张型战略的原因有：扩张能使企业获得社会效益；能够获取规模经济的效益，增强企业的市场竞争地位；新的机会与企业的内部优势相吻合。

企业采取扩张型战略，人力资源战略的重点是做好人力资源的补充和购并企业的人员调整工作。采用此战略企业的人力资源管理工作中，招聘是重要的一环，企业需要根据扩张后的企业规模、结构、资金实力、销售渠道等各方面的因素选择人力资源战略。

（二）与竞争战略相匹配的人力资源战略选择

竞争战略的核心问题是如何建立、拥有和长期保持竞争优势地位。竞争战略的关键环节是能否制定出可以保持持久竞争优势的行动方案和经营策略。

根据哈佛大学的波特教授提出的一般竞争战略理论，一个企业在严酷的市场竞争中生存和发展的关键在于其产品的"独特性"和"顾客价值"，二者缺一不可，否则企业就很难在竞争中取得优势。为获得竞争优势，企业可采取三种基本的战略：成本领先战略、产品差异化战略和市场聚焦战略。无论哪种战略，其实质就是企业面对竞争所采取的策略。企业由于竞争策略的不同而对人力资源管理提出不同的要求，进而影响到了人力资源战略的制定。

1. 成本领先战略下的人力资源战略选择

成本领先战略的主导思想是以低成本取得行业中的领先地位。企业在采取这种战略时力求在生产经营活动中降低成本、扩大规模、减少费用，使自己的产品比竞争对手的产品成本低，从而可以凭借低价格和高市场占有率保持竞争优势。这种战略适合成熟的市场和技术稳定的产业。追求成本领先的实质是追求较高的生产率，达到规模收益。通常可以通过加大资本有机构成的方式实现，也就是说用更多的机器代替员工，减少员工的使用量，使用技术含量更少的员工，降低员工的总体使用成本。

采用成本领先战略的企业由于技术的替代而对员工的创造性要求不高，所以员工的素质不高，员工的参与度也很低。采用这类竞争战略的企业可以考虑选择低成本战略、不留人战略等作为企业的基本人力资源战略。

2. 产品差异化战略下的人力资源战略选择

产品差异化战略的实质是向市场提供别具一格的产品或服务，来建立自己的竞争优势，并利用差异化所带来的高额附加利润补偿因追求差异化而增加的成本，获取高额利润。产品差异化战略的重点在于差异，而差异来源于创新。当企业采取差异化战略时，企业的创新性行为是企业竞争的源泉。创新来源于企业的每位员工，因此企业对员工的行为要求是：创新性要求高，合作性要求较高；着眼于长远的利益；更关心质量而不是数量，关心过程也关心结果，工作的弹性较大，没有严格的工作规范，自主性强。由于采用差异化战略的企业对员工的创造性要求非常高，员工对于工作的参与程度很高，因此此类企业适合选择外部获取战略和高投入战略等作为人力资源战略。

3. 市场聚焦战略下的人力资源战略选择

市场聚焦战略的主导思想意味着企业不是面向整体市场进行全线作战，而只是占据某一特定的细分市场，谋求局部的优势。企业将产品聚焦于某一特定的顾客群、某类特殊商品、某个特定地理区域或其他某个方面。在这个细分市场上，企业或运用成本领先战略或运用产品差异化战略，或兼而用之，以期战胜对手。市场聚焦战略由定义可知是成本领先战略和产品差异化战略在特定市场的应用，因此与市场聚焦战略匹配的人力资源战略要根据企业采用的是以上何种战略而定。

（三）与企业生命周期相匹配的人力资源战略选择

企业生命周期理论由美国著名管理学家伊查克·麦迪思（Ichak Adizes）提出。他在《企业生命周期》一书中，将企业生命周期划分为三个阶段：成长阶段、盛年阶段、老化阶段。结合中国企业的实际情况及人力资源管理的需要，我国的研究人员将企业生命周期划分四个阶段：初创阶段、成长阶段、成熟阶段和老化阶段。

1. 初创阶段的人力资源战略选择

初创阶段的企业还没有得到社会认可，实力也很弱，但却极富灵活性和成长性。初创阶段的企业重点在于发展业务，增强自身实力，因此企业的内部管理机制很不完善，员工没有很明确的职责规范。此时的企业规模小，人员少，没有明确的组织结构，没有明确的企业战略和人力资源战略，人力资源管理工作还处于起步阶段，甚至还没有设立人力资源部。因此，此阶段的人力资源工作的重点在于招聘优秀的员工以促进企业发展，同时注重为企业未来辨识和培养核心人才。

2. 成长阶段的人力资源战略选择

成长阶段的企业经营规模不断扩大，主营业务不断扩展，各种资源全面紧张；组织形态走向正规化，机构相对完善，企业规章制度日益建立和健全，企业文化逐渐形成。人力资源状况的特点是：由于企业规模的不断扩张，企业对人才的需求迅速增加；企业组织向正规化发展，各项规章制度开始建立、健全，人力资源工作开始逐步正规化；人力资源部门开始参与包括人力资源战略在内的企业战略的制定。此时人力资源部门的工作就是为不断成长的企业调配足够的人员，因此招聘工作成为人力资源工作的重点，同时对老员工的培训和选拔也逐渐成为企业的人力资源工作的主要内容。

3. 成熟阶段的人力资源战略选择

成熟阶段是企业生命历程中最为理想的阶段。在这一阶段，企业财务状况大为改观；企业的制度和组织结构业已完善并充分发挥作用；企业的创造力和开拓精神得到制度化保证；企业一切以顾客至上为原则，重视顾客的需求，注意顾客满意度。此时人力资源状况表现为：个人在企业中的作用开始下降，转而主要依靠企业的规范化维持管理运作；企业的发展速度减缓，企业人员需求量下降，员工的创新意识下降，企业活力开始衰退；企业的各岗位满员，人员晋升困难，对有能力者的吸引力开始下降，有企业人才流失的压力。因此，处于本阶段的人力资源战略的重点在于培养创新型的企业文化和防止核心员工的流失。创新型的企业文化，能够延长企业的成熟期，不断推出新的产品可以使企业重新焕发生机，同时必须完善员工的晋升通道和员工的职业生涯设计，以留住核心员工。

4. 老化阶段的人力资源战略选择

老化阶段是企业生命周期的衰落阶段，此时企业内部缺乏创新，没有了初创阶段的冒险精神，活力的丧失预示着危机的到来。老化阶段的企业特征是：企业增长乏力，竞争能力和获利能力全面下降，资金紧张；制度繁多，又缺乏有效执行；企业员工自保意识不断增强，做事越来越拘泥于传统、注重形式，只想维持现状。老化阶段的人力资源状况表现为：企业人心涣散，核心人才已经严重流失；企业员工大量冗余，同时企业的人力成本压缩，工资较低；企业员工凝聚力下降。因此，处于此阶段的企业的人力资源战略的重点在于留住企业核心人才，为企业东山再起提供条件。同时，进行有计划的裁员，降低企业的成本，增加企业灵活性。

（四）与企业所属产业特点相匹配的人力资源战略选择

依据不同产业在社会再生产过程中对劳动力、资金、技术等的依赖程度的差别将社会产业分为劳动密集型产业、技术密集型产业和资本密集型产业。因此，可以将隶属于不同产业的企业也分为劳动密集型企业、资本密集型企业和技术密集型企业。

1. 劳动密集型企业的人力资源战略选择

劳动密集型企业是指以劳动力为主要劳动因素，单位资本支配劳动力较多的企业。一般认为，商贸餐饮、运输通信、文教卫等服务业和轻纺服装、食品加工、电子通信设备等制造业以及建筑业，都属于吸纳劳动力相对较多的劳动密集型产业。

劳动密集型企业的特点是：单位资本推动的员工数量较多，因此企业员工的薪酬是企业的一项重要成本；此类企业的产出一般为标准化产品，因此对人员素质要求不是太高；此类企业通常投资在物上的资金大于投资在人员上的资金，因此劳动密集型企业可以采用外部获取战略、低成本战略、不留人战略等人力资源战略作为基本人力资源战略。

2. 资本密集型企业的人力资源战略选择

资本密集型企业主要是指以资本为主要劳动因素的企业，一般拥有大量的资金。与劳动密集型产业相比支配同等数量的劳动，所使用的资本量相对较大。它的特点是：单位劳动力所占用的资本量较大，因此人力资源的成本对企业来说不是一项相对较大的支出；此类组织一般为大型组织，其结构通常是机械型组织；企业产出不再是单纯的标准化的产品。在资本密集型产业中有的企业也需要大量的不同类型的劳动力从事研发、生产、制造和销售等工作，因此资本密集型企业可以选择的人力资源战略范围较广，企业可以适当选择混合战略或根据企业自身特点选择需要的人力资源战略。

3. 技术密集型企业的人力资源战略选择

技术密集型企业主要是指以技术为主要劳动因素的产业，如高科技产业，它一般拥有少量的资金和少量的人员。如果一个产业属于技术密集型产业，就是指在社会再生产过程中对技术的依赖程度强于对资金和劳动力的依赖程度。

一般认为电子工业、航天工业等均属于技术密集型产业。技术密集型企业的特点是：企业对技术依赖程度高，因此对于承载技术创新的专业人员的依赖程度高；技术密集型企业的产品生命周期短，更新速度快，对企业技术的创新要求高。因此，技术密集型企业适合采用高投入战略、诱导留人战略、外部获取战略等人力资源战略作为基本人力资源战略。

第三节 人力资源战略模式与构建

一、人力资源战略的主要模式

人力资源战略是指企业员工有关的政策和实践的决策模式，其对企业战略的实现和组织的生存及发展有重要作用，尤其是对当前处于转型经济中的我国企业来说，全面了解人力资源战略，理解其不同模式，科学制定适合本企业的人力资源战略是必要的。

因此，根据战略开发过程和路径的不同，将人力资源战略模式初步划分为由内而外的模式和由外而内的模式两大类。在此基础上，进一步根据人力资源战略的关注焦点的不同，将由内而外模式划分为关注企业绩效、关注人力资源、关注人力资源职能的三种人力资源战略模式。由外而内的人力资源战略模式主要关注企业战略的人力资源战略。

(一) 由内而外的人力资源战略模式

当前，我国大部分的人力资源管理属于此模式，该模式一般是基于微观视角，即制定人力资源战略时从企业内部出发，如从招聘和甄选、培训和职业生涯设计、绩效考核等职能角度。根据其人力资源现状，确认自己关注外部目标，设计制定相应的人力资源实践。在该模式下，人力资源战略的制定虽然是从内部出发，但不同的企业所关注的外部目标层次是不同的，不同的层次对应不同的人力资源战略模式。

第一，关注企业绩效的人力资源战略。该模式以提高整个企业的财务绩效或非财务绩效为目标，强调员工对组织的贡献，主要通过控制目标和指导的管理手段来提高员工的工作绩效，员工的考核和奖励多以工作绩效为标准，目标管理和绩效反馈是企业常用的管理方式。该模式的评价方式主要有传统财务指标、股东价值最大化（EVA）和平衡计分卡三种，其中以平衡计分卡为基础的评价模式关注了财务、客户、流程和学习/成长四个方面，实现了企业战略与人力资源管理的有机结合。

第二，关注人力资源的人力资源战略。该模式关注企业的人力资源，从资源视角出发，将员工看作企业的一种资源，把员工和人力资源管理看作组织战略实施、组织竞争优势的基础，组织适应性的来源，侧重人力资源管理实践对组织战略的影响，通过人力资源开发和管理来提高员工绩效，建立企业竞争优势。该模式常常通过人力资源管理系统来调动人力资源储备，激发员工积极主动的行为，把人力资源视为最宝贵的资源，对其进行有效有针对性的开发和规划，使之成为企业获得核心竞争力的重要推动力，从而实现企业目标，最终获得持续竞争优势。

第三，关注人力资源职能的人力资源战略。该模式关注人力资源职能问题，通过对当前人力资源状况的分析，得到人力资源应该达到的期望绩效。该模式侧重对人力资源价值的计量和管理，企业将人力资源视为成本，对其进行投资收益分析，期望得到回报。该模式下的人力资源实践常以财务计量和管理为主，如员工激励制度的设计多以人力资源投入和回报为基础，如管理层持股、员工持股计划。

（二）由外而内的人力资源战略模式

由外而内的人力资源战略模式主要关注企业战略，人力资源战略的制定模式是战略驱动型的。这种模式将企业的宏观战略和环境问题与企业微观的人力资源结合起来，力求人力资源战略与企业战略需求相匹配。在人力资源战略制定过程中，首先对企业所处的环境和面临的优劣势进行深入了解，其次确定面临的问题和企业战略需求，在此基础上设计相应的人力资源实践支持企业战略的实施和企业运营。战略性人力资源管理是该模式常用的管理方式，即将传统的人力资源职能放在战略位置，从企业整体出发，确定企业的主要需求和问题，并据此组织设计人力资源制度。建立满足战略需求的人力资源系统，这种系统建立的人力资源理念、政策、目标和实践行动相互协调，并与企业战略匹配，能够带来较高的企业绩效。

从总体上讲，首先，第一种由内而外的人力资源战略模式，主要是从企业的微观视角出发（企业员工），将企业的人力资源管理职能与企业中的人/人力资源相匹配。其中，关注企业绩效的模式，阐述了人力资源职能、企业中人和企业宏观绩效问题之间的联系；关注人力资源的模式，将人力资源活动与人力资源问题和人力资源绩效相匹配，并不直接与诸如企业绩效类的宏观问题挂钩；而关注人力资源职能的模式，从企业当前的人力资源职能状况出发，分析得到期望人力资源绩效，也没有直接与企业宏观问题挂钩。其次，由外而内的人力资源战略模式从宏观的企业环境和企业整体战略出发，通过人力资源职能与微观的企业中的人相联系，是"企业战略驱动型"的人力资源战略。

二、我国企业人力资源战略模式的构建

不同的人力资源战略模式决定了不同的人力资源战略模式的构建过程。当前，我国企业人力资源战略模式的构建主要有两种：一是由内而外的构建方式；二是由外而内的构建方式，其构建过程如下。

（一）由内而外的人力资源战略构建

由内而外的人力资源战略构建，是指从企业内部关注点出发，制定人力资源战略，在其三种不同的子模式中，关注企业绩效的人力资源战略模式既考虑了企业宏观层面的问题，又把企业微观视角的员工纳入其人力资源管理体系，是最具代表性的由内而外的战略制定模式，因此，在此我们选取关注企业绩效的人力资源战略模式的构建为例，来说明由内而外人力资源战略模式的构建过程。关注企业绩效的人力资源战略模式又分为以传统财务绩效、股东价值最大化、平衡计分卡为衡量标准的三种模式，其中，以传统财务绩效为评价标准的人力资源战略体系，只考虑员工的财务指标，容易导致员工和管理者的短期行为，忽略了有关工作能力和工作态度的信息；以股东价值最大化为评价标准的人力资源战略体系，在考虑企业当前利益的同时，兼顾企业的长远发展，但其只适用于上市公司，且当前我国资本市场还处于初期发展阶段，弱式有效资本市场常常不能提供真实的 EVA 财务信息；以平衡计分卡为代表的综合评价模式，从财务、客户、流程、学习/成长四个方面的指标来引导员工行为，促进企业短期绩效和长期发展的实现，实现了企业绩效管理和人力资源管理的有机结合，是效果最好、最典型的人力资源战略模式。综合考虑上述各种模式在衡量企业绩效上的缺陷和不足，我们认为以平衡计分卡为评价标准的人力资源战略构建过程最能代表由内而外的人力资源战略构建过程，其过程如下。

第一，分析企业人力资源状况。现有组织人员是企业发展的基础，因此在制定人力资源战略时必须对现有的人员状况有充分的认识和全面的了解。通过建立企业人才库，了解企业员工的数量、素质、从业经验、分布状况、目前的利用状况等信息，也可以通过定期的绩效考评和问卷调查，了解员工的工作状况、能力提升状况以及个人工作目标等情况。同时跟进企业当前状况和未来规划，预测企业的人力资源需求，找出企业的人力资源差距，并制定相应的实践对策。充分了解现有人员状况和企业的人力资源需求是制定人力资源战略的基础。

第二，分析企业的战略和绩效目标。根据企业的行业环境、组织规模、企业文化、发展阶段分析企业的战略目标，并将企业的战略和绩效目标划分为财务、顾客、流程、学习/成长四个方面的目标。

第三，将企业的整体目标分解到人力资源战略。根据企业的战略，选择相应的人力资源战略，利用目标分解法或关键指标（KPI）分解法把企业目标分解到人力资源战略目标上，确定员工绩效总指标、员工态度和行为目标、企业文化指标等。

第四，将人力资源战略分解落实到具体人力资源职能和员工行为上。利用目标分解法或关键指标（KPI）分解法把企业的人力资源战略目标分解到具体员工和部门，建立以员工和团队为基础的横向指标体系，其中部门和团队绩效是由合作程度和效果决定的，主要考察团队协作、团队学习、团队绩效；而员工个人绩效主要考察员工实现目标方面能否达到企业所要求的职业行为标准，员工个人成长是否与企业的学习成长目标一致。

总之，由内而外的人力资源战略构建模式，是以企业现有人力资源状况为出发点，以企业战略和绩效目标为导向，通过人力资源管理体系的设计，实现企业战略和绩效目标与企业的人力资源需求计划和人员配置计划的匹配，进而实现企业目标，帮助企业赢得竞争优势。

（二）由外而内的人力资源战略模式构建

由外而内的人力资源战略构建模式是企业战略驱动型的构建方法，一般来说，它与其他战略构建过程的基本步骤类似，具体如下。

1. 企业的环境分析

企业所处的环境是影响企业生存和发展至关重要的因素，只有充分了解其环境，企业才能更好地"嵌入"进去。环境分析主要包括宏观环境和企业内部环境两个部分。其中人力资源战略的宏观环境分析，主要是涉及人力资源管理的相关经济、法律、技术、政治环境、人口统计环境等。如从经济环境上来看，我国目前正处于转型经济阶段，相对于发达经济来讲，在经济总体环境运行的成熟度上还有所欠缺，但作为世界上最大的新兴经济体，我国的经济发展势头好，速度快；从法律环境来看，我国人力资源相关的法律法规在制定和执行方面还落后于西方国家，但是随着我国总体实力的增强，相关法律法规也正以前所未有的速度在完善；从技术环境来看，我国当前正在逐步由模仿、跟随发达国家转向自主研发、自主创新，这对企业的人力资源战略提出了新挑战，要求其人才获取由外部获得向内部培养的模式转变，并要求其针对技术型、知识型人才开发专门的人力资源战略模式；从我国独特的文化环境和人口环境来看，当前形势对我国企业设计人力资源战略提出了独特要求，如独特的中国文化，要求中国的人力资源战略必须以"西方的理念，中国式的标准"为原则。企业的内部环境分析主要包括：组织战略、组织发展阶段、组织结构和组织文化等。总体而言，分析扫描企业环境的目的是，识别影响企业和人力资源发展趋势的潜在因素。

2. 确定企业需要解决的战略问题

根据企业的环境分析结果，识别企业面对的各种可能情境，确定每种情境下企业应该解决的战略问题。这种问题要综合考虑到企业所处的行业、发展阶段、企业规模以及组织结构等。这些企业需要解决的战略问题是企业未来的发展方向，是企业人力资源战略的出发点，主要包括企业的成长问题、顾客导向问题、文化变革问题、全球化和多样化问题，以及技术革新和产品创新问题等，任何一个问题都会成为企业人力资源战略的驱动因素。

3. 分析对企业有重要影响的人力资源问题

人力资源问题主要是指企业内与员工相关的问题，如人才招聘与选拔，核心人员的培训发展和保留，员工总体人口特征变化，以及员工态度和价值观等。在确定企业人力资源面对的重要问题时，要特别注意环境变化和企业战略调整及相关问题，例如，如果企业的行业竞争者之间的竞争焦点逐渐聚焦到人才的竞争上，同行业企业之间的人才跳槽现象也对企业培训、职业生涯管理提出了新挑战，因此在制定人力资源战略时，竞争者的人力资源战略是需要考虑的重要因素。诸如此类的人力资源问题的提出，为企业解决问题提供了方案，也为进一步制定人力资源政策，构建人力资源战略提供了依据。

4. 构建人力资源战略

根据上述环境分析、战略分析和人力资源问题的分析结果，选择与企业相匹配的人力资源战略模式和目标，编制相应的人力资源战略计划，并制定与人力资源计划紧密相关的评价标准。

首先，人力资源战略模式的选择必须与企业总体战略、职能竞争战略、发展阶段等相匹配，例如，如果公司实施的是收缩型战略，则企业的人力资源战略重点需要考虑员工的解雇问题以及现有员工的情绪稳定问题；如果企业实施的是低成本战略，则在选择人力资源战略的时候可以考虑尽量低成本的战略与之相适应。

其次，人力资源战略目标的设定必须从企业的总体发展战略和人力资本储备状况出发，把与战略目标相匹配的人力资源需求计划和优化配置作为目标实现形式，将人力资源战略展望和前进方向转化为具体的各项职能活动目标。

最后，人力资源战略计划，要包括目标、行动计划和预算三个部分，并且一定要制定相应的评价标准。

5. 在企业内传达、沟通并实施人力资源战略

企业人力资源战略的成功，不但取决于要构建一个与企业相匹配的人力资源战略，更取决于其在组织内的成功实施。人力资源部门在设计制定人力资源战略后，应该及时向企业高层汇报，并由企业高层管理人员向公司的其他部门传达、与之沟通人力资源计划，并协助计划在整个企业内得到顺利实施和评价。

第四节 人力资源战略的实施及保障

任何优秀的战略，如果不付诸实施将一文不值。只有通过制定行动计划、预算和流程，将战略付诸实施，才能够使企业在人力资源战略的指导下，不断发展，不断进步。人力资源战略实施是将企业人力资源战略从计划转化为实际行动的过程。

一、人力资源战略实施的原则

（一）外部原则

国家及地方人力资源政策环境的变化，包括国家对于人力资源的法律法规、对于人才的各种措施，以及国内外经济环境的变化等，必定影响企业内部的整体经营环境，从而使企业内部的人力资源政策也应相应调整。因此，随时准备好根据外部环境的变化进行人力资源战略的更新，是实施人力资源战略过程中的一个重要原则。

（二）内部原则

企业的人力资源政策的实施必须遵从企业的管理状况、组织状况、经营状况变化和经营目标的变化。由此，企业的人力资源管理必须根据以下原则，依据企业内部的经营环境的变化而变化。

安定原则：安定原则要求在企业不断提高工作效率，积累经营成本。企业的人力资源应该以企业的稳定发展为其管理的前提和基础。

成长原则：成长原则是指企业在资本积累增加、销售额增加、企业规模和市场扩大的情况下，人员必定增加。企业人力资源的基本内容和目标是为了企业的壮大和发展。

优化原则：人力资源应该以企业的生命力和可持续增长，及保持企业的发展潜力为目的。企业应从长远发展的大局出发，协调好劳资关系，做好企业的人才再造和培植接班人的工作。

二、人力资源战略的实施步骤

人力资源战略的实施步骤包括制订行动计划和执行战略流程两个部分。

（一）制订行动计划

企业人力资源战略的行动计划分为两种：一是时间和周期计划；二是流程计划。

（二）执行战略流程

一般来说，在公司人力资源整体工作定位的指导下，企业执行人力资源战略分以下三个阶段进行。

1. 第一阶段：框架建设阶段

搭建人力资源整体架构，夯实基础管理。构建人力资源管理整体政策及管理体系，夯实人力资源基础工作，初步将各项制度、机制融入人力资源管理体系中来，引进现代人力资源管理制度和机制，逐步与现代企业人力资源管理接轨。集中现有资源，有针对性地开展当前紧迫的工作，解开瓶颈环节。

本阶段的人力资源工作重点是建立综合统筹、分级管理的人力资源管理模式；建立健全人才的引进、考核评价、激励、培训及经理人才管理等一系列制度及用人机制；落实现有各项制度，成形一个落实一个；引进合适、有效的现代管理工具及方法，主要包括职位评价工具、人力资源信息管理系统；有针对性地进行人力资源管理人员的技能培训等。

2. 第二阶段：完善阶段

系统规划，综合提升，使得人力资源管理达到国际化水平。全面推动人力资源管理体系的运作，对全公司的人力资源工作进行综合统筹、分级管理，引进各种方法和手段，推进人力资源体系中的各项制度、各项工作的开展、实施与完善，并落到实处，在公司内充分形成互动，提升人力资源管理体系的整体运作效果，初步达到国际化管理水平，使一大批干部快速成长起来，推动企业国际化进程及战略目标的实现。

3. 第三阶段：持续改进阶段

完善升级，实施前瞻性管理，发挥战略牵引作用。全面夯实人力资源各项工作，根据内外环境变化对人力资源管理体系进行升级、维护，在此基础上，前瞻性地开展人力资源战略管理，使得人力资源管理水平达到国际水准，形成一套具有国际竞争力和公司特色的"选、用、考、育、留"人才制度和运行机制，形成一批能够管理世界级企业的人才队伍，使人力资源成为公司的核心竞争力之一，并具备国际竞争力，使人力资源对公司整体工作发挥牵引作用。将人力资源管理人员从日常烦琐的事务性工作中解脱出来，为人力资源战略性、前瞻性工作的开展提供保障。

（三）人力资源战略调整

人力资源战略实施中一个要注意的问题是如何进行战略调整。人力资源管理者要明确以下几点。

第一，根据业务需要提出调整建议。

第二，一般程序为业务变化——直线部门提出需求——修改成为子战略——集团高层讨论——总裁批准。

第三，只要确实需要，没有什么不可以修改。

第四，任何改变带来的影响不能失控。

三、人力资源战略实施的保障

在企业中实行人力资源战略，归根到底是为了达到人力资源合理分配，使企业更快更好发展的目的。但要想保证人力资源战略有效地实施与运行，并起到其应有的作用，就必须依靠整个人力资源管理平台（以下简称 HR 管理平台）来保障。

（一）HR 管理平台

一般地，HR 管理平台的组织角色包括：集团总部——战略协调层、各分公司——计划协调层、高层管理——推动者、业务部门——执行者、HR 部门——支持者。

在 HR 战略实施过程中，要确保充分的解释与沟通。这主要包括：①集团领导层的认可与支持；②各分公司领导层的理解与支持；③业务部门领导的理解和支持；④HR 管理者能否理解和执行。

（二）人力资源战略与企业人力资源管理

1. 人力资源战略与 HR 流程管理

首先要明确的是，流程管理是人力资源管理的重中之重，是人力资源管理的最大挑战，要使人力资源管理成功的先决条件就是了解、设置并控制好企业运作的各项流程。而人力资源战略的实施过程就是人力资源规划管理的过程，因而，HR 流程管理的优劣对人力资源战略的实施无疑有重大影响。

HR 流程管理对于企业人力资源战略的实施作用重大，主要表现在以下几个方面。

（1）通过 HR 流程管理，引入持续优化的人力资源管理思想。流程是基于企业要完成的事情的，这就是我们所说的"有事就有流"。我们甚至可以说，企业的活动就是由一个个流程组成的。人力资源战略的实施无疑是企业活动之中的重中之重。HR 流程管理的思想就是从企业通过各种分析制定的人力资源战略出发，将人力资源战略实施得更好。HR 流程管理的精髓就在于提供一个持续优化人力资源战略实施过程的方法。

（2）通过 HR 流程管理对企业的人力资源管理事务进行规范。当一件事情需要两个以上的岗位或部门进行协作时，流程是一种很好的工具。首先，流程清晰界定了各个协作者在这件事情中要做什么；其次，流程界定了这件事情完成的次序，也就是各个协作者履行职责的先后顺序；最后，流程还界定了各个协作者之间的协作关系。通过这样的有效安排，提高企业各种事务的行进效率，这也是人力资源管理的根本目的。

（3）通过 HR 流程管理持续优化、提高效率，获得竞争优势。流程管理强调时间概念，流程各个步骤耗费的时间是多少，过程中无效等待的时间有多少，都是提高流程效率该考虑的问题，流程管理正是提供了不断提升效率的方法。在人力资源战略实施过程中考虑流程管理，无疑会使企业在人力资源配置方面的工作更有成效。我们甚至可以说，如果没有 HR 流程管理，即使实施了人力资源战略，企业的各方面工作很可能也无法顺利进行。

（4）通过 HR 流程管理，加强企业对人力资源的控制。对于人力资源战略的实施过程，决定其是否能够顺利完成及完成质量好坏的往往是几个关键环节。HR 流程管理正是提供了这么一套工具，让我们从众多的组成环节中找出关键的几个环节，将这几个关键点把握好，保证整个实施过程顺畅、高效地运行。

（5）通过 HR 流程管理激活、优化人力资源战略体系。流程是动态的，正是因为流程的动态运行，才使得企业不断运营发展。而企业制定的人力资源战略则是相对静止的，流程可以有效地激活企业的人力资源战略体系，通过流程不断地运行去发现战略与流程不匹配之处，发现需要完善之处；而且，通过对流程的优化可以同时审视我们的人力资源战略体系是否有效合理。

（6）通过 HR 流程管理可以将人力资源战略的实施程序"固化"。在有些企业，往往会出现这样的现象：同一件事有些人去办比较顺利，有些人就比较困难；同一个步骤，不同的人完成的效果迥然不同；等等。HR 流程管理在解决这类问题上会有所帮助，通过 HR 流程将实施程序固化后，所有人员办这件事时都按照流程去做，并且有助于形成标准化的处理方式，对不熟练的员工或新员工处理同样的事务会有所帮助。

2. 人力资源战略与 HR 队伍建设

人力资源战略实施的优劣，从根本上来说，就取决于 HR 管理队伍的优劣。因而，建设一支高效高能的 HR 管理队伍，企业的发展起到中流砥柱的作用。

要建立运行良好的 HR 管理队伍，首先要清楚对 HR 职能人员的要求：第一，HR 职能人员必须有扎实的人力资源专业知识与专业技能，要系统地掌握组织建设、能力开发、绩效管理等方面的专业知识，并能够有效地将知识转化为做事的能力；第二，要清楚地了解、熟悉企业状况，要熟悉企业文化、企业发展战略、企业业务情况、企业外部关系及内部员工心态等诸多重要因素；第三，HR 执行能力，这是要重点考虑的，HR 管理人员，必须具有较强的规划组织、创新能力，能够通过沟通影响整个团队的协作、亲和能力，以保证 HR 工作计划的有效实施；第四，HR 管理队伍的建设过程中，企业高层要明确企业各部门的相关任务，将 HR 管理队伍的建设分层分类执行，如各分公司负责职能人员的培养，而集团人力资源部门则关注主任级以上的职能人员，并提供培训机会。

清楚了 HR 职能人员的素质要求，并使各部门进行有效的分工合作，就基本能够建立起一支实用有效的高级 HR 管理队伍，人力资源战略的实施也将得以顺畅、高效进行。

人力资源管理人员如果要想在人力资源战略决策中胜出，应该学会运用下列步骤来提高自己的决策水平：一是评估当前人力资源的绩效表现，运用关键业绩指标或者平衡计分卡的指标；二是评估公司当前的战略势态，包括使命、目标、战略、任务等；三是分析内外部的劳动力市场环境；四是运用 SWOT 找出人力资源管理的问题所在，以及评价人力资源管理部门的使命与目标，并按照需要进行修改；五是总结、评估并选择最佳的人力资源战略方案；六是执行所选择的人力资源战略，通过行动计划与预算等进行；七是评估所执行的战略，通过反馈系统控制行为，确保最低程度偏离原战略和用最小阻力路径实现战略。

第四章 人力资源需求与供给预测

第一节　人力资源存量分析

一、人力资源存量概述

(一) 人力资源存量的概念

人力资源存量是指，人力资源总量之中的部分资源由于受来自政治、经济、文化和社会的各种因素影响，以及主观或者客观的原因，处在可投入而未投入或未完全投入社会生产活动的生命活动时间段内，这部分资源是可供市场需求调节并进入流动的资源量。人力资源存量是人力资源的时点量，具有明显的物资聚散的状态特征。因此，人力资源存量用于指分散在社会各个层面人力资源的相对不均等的潜在、溢出、沉积、凝固、短缺状态。

人力资源存量是在人力资源与生产资料相结合的运动中产生的。尤其在市场经济规律的作用下，人力资源与生产资料要达到有效结合，就必然要在无终止的变化与组合中产生存量变化。在现实社会中，人为地导致人力资源与生产资料无法有效结合的情况比比皆是。剩余人力资源未能与生产资料相结合便成为人力资源存量，但是只要存在经济活动刺激因素，存量始终会处于变化状态。

人力资源存量分析是把经济学上的存量分析引入人力资源管理研究领域，计算特定时间、空间范围的人力资源数量和质量。人力资源存量分析对推动政治、经济、文化、社会的发展都有着深远的影响，无论是在理论研究方面还是在社会实践方面都有重要意义。

企业人力资源存量分析是人力资源规划的一个内容，包括对企业的外部人力资源状况和内部人力资源状况的分析。企业人力资源存量分析是企业制定人力资源战略和规划的基础工作。

（二）人力资源存量是一个量与质有机结合的变量

西奥多·舒尔茨（Theodore W. Schultz）在《人力资本投资》中谈道："人力资源显然既有量的方面又有质的方面。人口数量、投身于有用工作的人口比例及实际劳动量，是基本的数量特征。"人力资源的量是指人力资源构成所具有的数量配比状况。人力资源的量包括一个国家或一个地区投入社会生产活动的人力资源总量，人力资源每一个体的体力水平、智力水平、劳动参与率等总体数量和个体投入量两个方面。在自然承载有限的客观前提下，需要人类用智慧把资源消耗降到最低，而又能够最大限度地满足人类的生存需求，使社会全面和谐发展。

知识经济时代，人力资源质量成为经济发展和社会进步的基本前提。人力资源质量跟人力资源与生产资料结合的有效程度、人与岗位配置的合理程度直接相关联，大到国家、地区、社会机构和组织，小到家庭经济组织或个人，从综合竞争力到可持续发展能力，再到个人生存发展的空间，都取决于这一点。人力资源的质量甚至与人口数量直接相关联，高素质人群更多的是考虑为孩子增加"质量成本"投入，而不会只考虑投入"数量成本"。以质量代替数量，既是高素质人群的生育观，也是当代社会各类组织经营管理的选择。这种选择对于最大限度地降低社会各种成本、增加各种产出来说，效果是显而易见的。

（三）人力资源存量形态的变化

人力资源存量在运动中产生，在比较中出现。人力资源的质、量、存量三者之间是辩证关系，由于其核心是体现社会生产力关系中资源配置问题，三者关系变化的关键是人力资源是否与生产资料有效结合：量多质低，与生产资料不匹配，达不到有效结合，虽然市场人力资源充沛，就业岗位也富余，但人与岗位无法实现合理配置，还会形成人力资源存量，导致社会生产力低下；量少质高，缺少人力资源与生产资料有效结合，就业岗位大量空余，同样与生产资料不匹配，虽然人力资源存量不多，但仍然会导致社会生产力低下；量多质高，但是生产资料不足，人力资源无处投入，人力资源总量与生产资料不匹配，大量产生人力资源存量，必然导致社会生产力低下；量与质都能达到与生产资料相匹配，但是已投入社会生产活动岗位的人力资源"出工不出力"，仍然未达到人力资源与生产资料有效结合，就处于这种状态的个人来说，仍处于人力资源存量状态，同样也会导致社会生产力低下；只有量与质都达到与生产资料相匹配，并且人力资源与生产资料有效结合，人与岗位合理配置，才能推动社会生产力极大的发展，使人力资源存量始终处于良好状态。

人力资本投入是产生人力资源变量的重要因素。人力资源存量不是稳态存在的，人力资源存量的变化直接反映一个国家和地区的社会发展状况，与法律制度、卫生保障、社会保障、文化教育、就业政策、职业培训、科技普及、信息服务等方面相关联。

二、外部人力资源存量分析

企业外部的人力资源指的是企业潜在的人力资源。对企业所在国家和地区，特别是企业所在地人力资源数量、质量、结构进行分析，有助于企业制定人力资源战略和规划。

人力资源作为一个经济范畴，有其自身的规律性，其中，数量与质量是人力资源规律性的两个方面。人力资源既然是生产能力的总和，那么其总体也就是数量、质量两者的乘积，即：

$$人力资源总量＝劳动力人口数量×质量 \tag{4-1}$$

出于计量的需要，也可以采用另一种公式：

$$人力资源总量＝劳动力人口数量×劳动力人口平均质量 \tag{4-2}$$

（一）外部人力资源的数量分析

1. 人力资源数量概念

人力资源数量，指的是构成劳动力人口的那部分人口数量，其单位是"个"或者"人"。而劳动力人口，指的是具有劳动能力的人口。

人口总体如果依据其自然形态划分，年龄是划分的重要标准之一。在劳动年龄上、下限之间的人口称为"劳动适龄人口"或者"劳动年龄人口"。劳动力人口的数量与劳动适龄人口的数量大致相等。劳动年龄的划分在不同的国家略有差异。中国现行的劳动年龄规定为：男性16~60周岁，女性16~55周岁。在劳动适龄人口内部，存在着一些丧失劳动能力的病残人口；在劳动适龄人口之外，也存在着一些具有劳动能力、正在从事社会劳动的人口。在计算人力资源数量时，应当对上述两种情况加以考虑，对劳动适龄人口的数量加以修正。

综上所述，人力资源的数量即一个国家或地区范围内劳动适龄人口总量减去其中丧失劳动能力的人口，加上劳动适龄人口之外具有劳动能力的人口。

2. 人力资源数量构成

人力资源数量构成包括下列八个部分。

（1）处于劳动年龄之内，正在从事社会劳动的人口，它占据人力资源的大部分，可称为"适龄就业人口"。

（2）尚未达到劳动年龄，但已经从事社会劳动的人口，即"未成年劳动者"或"未成年就业人口"。

（3）已经超过劳动年龄，仍继续从事社会劳动的人口，即"老年劳动者"或"老年就业人口"。

（4）处于劳动年龄之内，具有劳动能力并要求参加社会劳动的人口。这部分可以称为"求业人口"，它与前述三部分一起，构成经济活动人口。

（5）处于劳动年龄之内，正在从事学习的人口，即"就学人口"。

（6）处于劳动年龄之内，正在从事家务劳动的人口。

（7）处于劳动年龄之内，正在军队服役的人口。

（8）处于劳动年龄之内的其他人口。

（1）～（3），构成"就业人口"的总和；（1）～（4）是现实的社会劳动力供给，是直接的、已经开发的人力资源；（5）～（8）并未构成现实的社会劳动力供给，是间接的、尚未开发的、处于潜在形态的人力资源。

3. 人力资源数量影响因素

影响人力资源数量的因素主要有以下三个方面。

（1）人力资源总量及其再生产状况。人力资源来源于社会总人口的一部分，人力资源的数量体现为劳动力人口的数量。因此，从直接意义上讲，人口的状况就决定了人力资源的数量。由于劳动力人口是人口总体中的一部分，因此人力资源数量首先取决于一国人口总量及通过人口的再生产形成的人口变动。从动态方面看，人口总量的变化体现为自然增长率的变化，而自然增长率又取决于出生率和死亡率。

（2）人口的年龄构成。人口的年龄构成是影响人力资源数量的一个重要因素。在人口总量一定的条件下，人口的年龄构成直接决定了人力资源的数量。

（3）人口迁移。人口迁移，即人口的地区间流动。人口迁移由多种原因造成，主要是经济原因，即人口由生活水平低的地区向生活水平高的地区迁移，由收入水平低的地区向收入水平高的地区迁移，由物质资源缺乏的地区向物质资源丰富的地区迁移。人口迁移的主要部分是劳动力人口的迁移，这就会引起局部地区人力资源数量的增减和人力资源总体分布的改变。目前，从人口迁移的方向看，中国普遍存在的人口迁移趋势是从中西部地区向东部发达地区迁移，尤其是接受过高等教育的人口由中西部不发达地区向东部发达地区迁移的趋势更明显。

（二）外部人力资源的质量分析

1. 人力资源质量概念

人力资源质量，指人力资源所具有的体质、智力、知识和技能水平，它一般体现在劳动人口的体质水平、文化水平、专业技术水平上，是区别于不同的人力资源个体或总体的关键。与文化水平、专业技术水平相比，人与人之间的体质差异相对比较小，所以我们着重研究劳动力人口的文化水平与专业技术水平。除了采用受教育等级与年限、劳动者的职称技术等级等指标外，人力资源质量还可以采用每万人中大学生人数、小学普及率、中学普及率、专业人员占全体劳动者比重等国民经济与社会统计中常用的指标来衡量。

随着社会生产力的发展，现代科学技术对人力资源的质量提出的要求越来越高，人力资源的质量相对于人力资源的数量而言更为重要。人力资源质量的重要程度还体现在其内部的替代性方面。一般来说，人力资源的质量对数量的替代性较强，而数量对质量的替代性较弱，有时甚至不能代替。人力资源开发的根本目的就是，把更多人转化为对生产贡献大、为社会经济发展带来更高效益的高质量劳动力。

2. 人力资源质量影响因素

人力资源的质量主要受以下几个方面的影响。

（1）遗传和其他先天因素。人类的体质和智能具有一定的继承性，这种继承性来源于人口代系间遗传基因的保持，并通过遗传与变异使人类不断地进化、发展。人口的遗传，从根本上决定了人力资源的质量及可能达到的最大限度。但是不同的人在体质水平与智力水平上的先天差异是比较小的，当然不包括那些因遗传、疾病而致残的人。

（2）营养因素。营养因素是人体正常发育的重要条件，一个人儿童时期的营养状况必然影响其未来成为人力资源时的体质和智力水平。营养也是人体正常活动的重要条件，只有充足而全面地吸收营养，才能维持人力资源原有的质量水平。

（3）教育方面的因素。教育是人类传授知识、经验的一种社会活动，是一部分人对另一部分人进行多方面影响的过程，这是赋予人力资源一定质量的一种最重要、最直接的手段。它能使人力资源的体质、智力水平都得到提高。

（三）外部人力资源的结构分析

1. 人力资源结构概念

人力资源结构，是指一个国家或一个地区的人力资源总体在不同方面的分布构成，它包括年龄、性别、质量、地区、城乡等方面。人口是决定人力资源结构及其变动的最基本的因素。此外，社会的经济状况，包括经济发展水平、经济结构、经济关系、受教育程度、自然地理条件等方面的因素，也在不同程度上对人力资源结构及其变动产生影响。

人力资源结构的不同，反映了人力资源总体及其内部的不同性质与状态，这构成了社会对于人力资源使用的基础因素。特别是在目前中国劳动力流动幅度不大的情况下，各个地区人力资源的总体及其结构，决定着可以投入社会经济活动的劳动力总量及分布状况，并在相当大程度上影响着各地区的就业总量及结构。

2. 人力资源结构划分

（1）人力资源的性别结构。男性和女性人口在从事社会经济活动方面对不同职业的适应能力有很大的不同。一般来说，男性劳动力比女性劳动力的劳动能力强、参与率高、适应性强、参加社会劳动的年限长、流动性强。因此，人力资源的性别结构会影响到整个社会人力资源的供给与使用状况。从性别构成上来说，我国的男性人口一直稍多于女性人口。

（2）人力资源的地区结构。人力资源的地区结构，即人力资源在不同地区的分布，可以以自然地理区、经济区、行政区来划分，它是地区生产力配置的基础。要达到人力资源合理分布的目标，需要根据各地区经济发展的短期和长期需求与人力资源的现实状况，对人力资源进行规划。此外，还应该考虑人口与人力资源在总量方面和地区间分布的变动，从而对人力资源进行合理配置。

（3）人力资源的城乡结构。城乡结构也是人力资源结构的一个重要方面。人力资源的城乡结构是由人口的城乡分布决定的，并且受到城乡间人口流动的影响，它反映了一个社会经济发展的总水平及农业与非农业部门的发展状况。人力资源城乡结构的变化，以农村劳动力进入城市为主要流向。

（4）人力资源的质量结构。一般来说，人力资源在体质方面的差异不会过大，因此，人力资源的质量结构主要就在于"智力"方面，这体现在劳动力人口，特别是经济活动人口的受教育程度上。此外，社会劳动者达到职业技能不同等级的比例，也是人力资源质量结构的一个方面。

不同的社会经济状况，不同的生产力发展水平，要求有不同的劳动力质量与之相适应。不能脱离现实的生产力水平而简单地认为高质量劳动力数量越多越好，比例越大越好。这是因为，超过了社会经济客观需要的过多的高质量人力资源，不仅不能充分发挥其作用，其中一部分还不得不从事质量要求较低的社会劳动，形成人力资源的巨大浪费。由于高质量人力资源不同类别之间的替代性较差，因此合理的人力资源质量结构不仅要求不同等级、不同层次的人力资源保持一种适宜的比例，而且要求各个等级、各个层次的人力资源内部从事不同性质劳动、不同职业类型的人力资源也保持协调的比例。

三、内部人方资源存量分析

企业内部人力资源指的是企业现有的人力资源状况。对企业内部的人力资源存量进行分析，有助于企业了解自己的人力资源的数量、质量、结构是否与企业的发展战略和人员需求预期相吻合。

（一）内部人力资源的数量、类型与年龄结构

在进行分析之前必须对企业现有的人力资源状况进行分析，既要研究现有的人力资源的数量、质量、类型、年龄，又要研究员工的需求变化、工作情绪的好坏等情况，以便确定完成各种业务所需的相应人才。

1. 内部人力资源的数量分析

人力资源分析的重点是探讨现有的人力资源数量是否与企业各部门的业务量相吻合，也就是现有的人力资源配置是否最佳。要做到这一点，就必须测量各种业务所包含的工作量以及处理某些工作的工作时间与人员需求，但在计算人员需求时必须减去缺勤、离职人数，只计算实际工作人数。目前企业采用的计算方法有如下几种。

（1）工作分析法。工作分析法是以按照工作分析结果而编制的工作描述和工作规范为基础，计算完成各种工作所需的人员。在进行工作分析时，各工作的内容按发生频率、处理时间等进行调查，并以此为基础计算工作量。工作量的计算一般以月为单位，发生频率按年月日做记录，处理时间则以分钟为单位比较好。以每月的总工作量所需的时间除以每月的工作时间，就可以计算出每项工作所需人员。

（2）动作研究法。动作研究法是在工作地点测量工作人员做某项工作或进行某一操作单元所需的时间。这种方法需要对工作人员的工作技能、努力程度及工作环境等因素进行评价以便调整时间，同时还须考虑工作人员的私事、疲劳和延误等情况，以便决定延长的时间，从而求出此项工作在正常的技能、努力程度与工作环境等状况下完成的标准时间，然后以此计算标准的人员需求。这种方法主要用于制造业的生产职位，也适合那些重复又简单的事务性工作。它利用码表测定工作时间作为基础而求得标准时间，然后以此计算所需标准人员的数量。

标准时间是指生产一个单位产品所需的时间，是由纯工作时间乘以（1÷休息比率）求得的，一天总需要时间可以由标准时间乘以一天目标生产量求得。

（3）工作抽样法。工作抽样法是运用统计学的概率原理以随机抽样的形式，利用数学计算测定某个部门在一定时间内实际做的工作占规定时间的百分比，再以此百分比测量人员的利用效率。这种方法不但可用于生产性岗位，也可运用于重复性的业务。

由于使用工作抽样法同时可观察许多样本，因此它比动作研究法要节省人力和经费，但分析人员必须事前充分了解研究对象的内容和业务流程。工作抽样法的步骤是先决定观察次数，再根据测量的结果计算工作的标准时间，然后运用动作研究法计算所需要的人员数量。

（4）绩效分析系统法。绩效分析系统法是记录作业人员在一两个月期间，每人每日工作的名称、工作时间和工作量。根据记录可了解到某项业务在某一时间内可完成哪些工作。每项业务的处理时间则根据统计方法设定标准，并以此为基础计算所需要的人员数量。这种方法适合重复的业务，其使用程序有四点。第一，设计个人的业务记录表。每当工作人员做完工作，立即记录工作名称、处理时间和工作量。如果工作无法用数字表示，应用工作完成的百分比来表示工作进度。第二，调查开工率。开工率可利用前面所说的工作抽样法计算得出结果。第三，确定个人业务记录表的统计方法与统计标准。对个人的业务记录表进行统计，然后将实际需要的时间与个人工作时间加以比较，以检验两者是否有显著的差别，如果要修正，应与记录者面谈。另外，应将每项工作单位处理的标准时间计算出来，此统计的标准时间可利用平均数或中位数等方法计算。第四，计算所需的人员数额。利用前面已计算出的数据。

（5）管理幅度和线性责任图法。这两种方法比前面几种方法都简单。

管理幅度指一位管理人员能够有效管理的下属人数。组织政策越明确，管理者制定政策所需的时间越少，则管理幅度越大；获得上级支持越多且下属能力越强，其管理幅度也越大。这种方法根据垂直的组织层次分类决定合适的管理幅度，再以此为基础进行多层次的垂直分类，以便决定各层次的管理人数，最后计算出人员数额。

另一种方法是线性责任图法。这种方法是将组织内的业务与员工以矩阵的形式加以排列，并将各个员工对各项业务的责任记入矩阵表内。这样就可明确地表现出业务和决策是由谁在何时进行以及实现的程度。线性责任图比组织结构图或工作说明书更能了解组织内的责任与权限关系，因此可作为计算人员定额的资料，也可以个别职务的责任程度和现在负责该职务的人数为基础，计算出在各责任水准上需要多少人员。

2. 内部人力资源的类型分析

经过内部人力资源的类型分析，可以了解一个企业组织的主要业务。一般多元化经营的企业雇用的人员类型很多，若以工作的职能区分，可分为技术人员、业务人员及管理人员；若以工作的性质区分，可分为直接人员和间接人员两种。

以工作的职能划分：①技术人员，指从事生产、工程、设计和研究工作的人员；②业务人员，指从事销售、原材料、仓库、运输等工作的人员；③管理人员，指从事总务、人力资源管理、会计、策划及服务等工作的人员。

以工作的性质划分：①直接人员，指直接从事生产或某一项工作的人员，如技术人员或业务人员；②间接人员，指工作性质并非与某种工作的处理有直接的关系，却是这种生产过程所必须提供的人员，如管理人员。

上述人员代表了企业内部劳动力市场的结构，其配置比例随企业性质、规模而有所不同。通常，直接人员占有较大的比例，约为60%，而间接人员约占40%，甚至更低。另外，如果某类人员的配置不能满足需要，企业应迅速开展培训或向外招聘合适的人员。若企业外部的劳动力市场能顺利供给所需人员，就不会引起内部人力资源的紧张；反之，企业则需要对培训进行大量投资。

3. 内部人力资源的年龄结构分析

分析员工的年龄结构可以以年龄作为标准，统计全公司人员的年龄结构及分布情况，并求出全公司员工的平均年龄，以进一步分析公司人员的年龄结构是否有老龄化现象。在个人方面，可按工作人员的特点，如职位、学历、工作性质等，分别分析其年龄结构，以便为人力资源规划提供参考。

一般而言，年龄是能力的尺度。年龄增加则表示员工从经验中获得的知识增加，其能力也增加，但在另一方面也表明员工吸收新知识的弹性降低，难以适应环境的变化。

组织内工作人员年龄增加的同时也表示其体力的下降。在组织安排职务和分配责任的时候，必须实事求是地分析工作人员难以胜任现职的原因，明确是由于业务量的增加还是由于年龄的增长而导致精神体力衰退。若是工作人员体力衰退的原因，则需要调整人员的年龄结构，以保持企业的活力。通常，企业理想的年龄结构应为三角形的金字塔，顶端代表已达退休年龄（60~65岁）的人数，底端代表已达就业年龄（18~22岁）的人数，而企业员工年龄约为34~36岁。

（二）工作流分析

企业的生产经营活动是一个相互联系、相互依赖、前后衔接的有机整体，每个部门的人力资源配置都应与其所承担的工作量相适应，否则必然会出现一些部门人手紧张、任务不能按时完成的现象。而与此同时，另一些部门出现的工作量不足、人员空闲等现象也将造成人力资源的浪费。

（三）岗位配置分析

人力资源规划的一个重要目标就是把各类人员分配到最能发挥其专长的岗位上，做到人尽其才，否则就会造成人力资源的浪费。在进行岗位配置分析时，首先必须对岗位及其人员进行分类，用矩阵表列出企业现有的人力资源及其使用情况，从中可以分析企业人力资源的实际使用状况和使用效果。

（四）冗员分析

企业中的人力资源问题主要表现在两个方面：一是人才的短缺；二是人力资源的过剩和浪费。实际上，绝大部分企业同时存在这两种现象，问题的解决必须从杜绝现有人力资源的浪费开始。

企业中过剩的人员表现为企业的冗员。所谓冗员，就是超出企业正常生产经营活动实际需要的人员，不包括正常的后备人员。后备人员是为保证生产经营和企业长远发展需要而储备的适量人员，如替补人员和在职培训人员。因此，冗员的计算公式如下：

$$企业的冗员 = 全部职工 - 实际需要 - 合理储备 \qquad (4-3)$$

冗员分析不仅仅是确定企业冗员人数的多少，而且要分析冗员的具体构成和具体情况，以便制订切实可行的冗员利用与处理方案。

企业的冗员一般可分为两大类：第一类是素质与工作不相适应的人员，包括老弱病残人员、知识技能不足的人员；第二类是素质与工作适应但超过实际需要的富余人员，包括只愿干本职工作和希望调换工作的人员。

（五）人力资源素质分析

企业的人力资源素质是指企业成员所具有的对企业生产力有直接和显著影响，并具有相对稳定性的品质特性。人力资源的素质分析可以从以下几方面进行。

1. 人力资源的思想觉悟和企业的群体文化

有价值的行为源于有价值的思想观念的引导，这一点对个人和组织都是一样的。目前企业文化的建设也正是建立在这种认识的基础之上的。有没有效率观及雷厉风行的工作作风，有没有顾客至上的信念及热情服务的职业道德，有没有集体意识和协作精神，有没有开拓创新的意识和勤奋拼搏的精神等，对企业生产力的提高和战略目标的实现有着至关重要的影响和作用。凡是事业有成的员工都有着过硬的思想觉悟和工作作风；但凡成功的企业，也都有明确的企业精神和企业理念。

值得注意的是，个人的思想觉悟和企业的群体文化虽然难以用客观而明确的标准来测定，但还是可以通过社会心理调查及员工绩效数据加以分析的。

2. 员工的知识技能水平

任何组织都希望能提高工作人员的素质，以期工作人员为组织做出更大的贡献。员工的知识技能水平包括知识水平和技能水平两个方面。员工的知识水平主要指员工的文化知识水平、专业知识水平和工作经验多寡等；员工的技能水平则包括员工的操作技能水平、表达能力高低及管理技能水平。员工的这些技能对企业产品的市场竞争力及企业的发展有着直接的影响。随着科技的日益发展，企业对员工知识技能水平的要求也会越来越高。

企业员工的知识技能水平从员工个人来看，可以用员工所获得的专业技术职称及最终学历来表示。而企业整体的知识技能水平，则可以用专业技术人员占全部员工的比重、中高级职称人数占全部员工的比重、大中专毕业生占全部员工的比重、员工的平均文化程度等指标来表示。

通常，企业组织内的工作人员可能出现如下两种情况：一部分人员的能力不足，难以胜任目前工作，以至于限制组织的业务发展；另一部分人员则能力有余但未能充分利用，不但浪费人才，而且容易导致人员的不满和变动。所以，为了达到人尽其才的目的，人员素质必须与组织的工作现状相匹配。企业管理者在提高人员素质的同时，也应该提高人员的工作品质，以员工创新工作，培养员工的创新能力，帮助员工开发工作技能，使组织得以发展。

提高人员素质可以通过工作轮换、工作扩大化、工作丰富化和培训开发等方法来实现，也可实施工作分析，确定详细的工作规范作为选拔人才的标准。

近年来，企业的发展呈现出一种显著的发展趋势，即组织内脑力劳动者增加的比例超过了体力劳动者增加的比例。其中的原因有很多，但最主要的还是在于科学技术的革新和工业生产的机械化与自动化。企业中脑力劳动者数量的急剧增加更突出了培训开发的重要性。

3. 员工的心理健康分析

随着竞争的日益激烈，员工承受的工作与生活压力也越来越大，企业员工的心理健康与否，影响到企业内部的人际关系与人际沟通，进而影响到企业的文化。因此，企业一定要注意保持员工的心理健康。

在我国，衡量心理健康的标准有以下几个方面。

（1）智力正常

正常智力水平是人们生活、学习、工作和劳动的最基本的心理条件。心理学家把人的智力水平分为超常、正常、低常三个等级。智力水平在人群中表现为"两头小中间大"。从智力测量角度看，智商小于 60 即为智力低下。当然，衡量一个人的智力发展水平要与同龄人的智力相比较。人的智力主要由观察能力、记忆能力、思维能力、想象能力和操作能力组成。这五种能力要相对平衡以防止智力的畸形发展。

（2）情绪健康

情绪健康有以下标准。

第一，情绪是由适当的原因引起的。欢乐、悲哀、愤怒的情绪是由相关事物或现象引起的，一定的事物会引起相应的情绪。

第二，情绪的作用时间随客观情况的变化而变化。在一般情况下，引起情绪的因素消失后，情绪反应也应逐渐消失，否则，将被视为情绪不健康的表现。

第三，情绪稳定。情绪稳定表明一个人的中枢神经系统活动处于相对平衡状态，反映了中枢神经系统活动的协调。一个人情绪经常很不稳定、变化莫测是情绪不健康的表现。

第四，情绪愉快。情绪愉快是情绪健康的另一重要标志。愉快表示人的身心活动的和谐与满足，表示一个人的身心处于积极的健康状态。

（3）意志健全

意志是人在完成一项有目标的活动时，所进行的选择、决定与执行的心理过程。人在进行有目的的活动时，总会遇到一些困难，因此人的意志行动总是与克服困难相联系的。人的意志品质高低是衡量意志健全与否的主要依据。人的意志品质包括意志的自觉性、果断性、顽强性和自制力。如果一个人经常表现出盲目性、优柔寡断或草率决定，或在行动过程中遇到困难就半途而废，在行动中不能控制自己，经常表现出冲动行为，那这些就是意志不健全的表现。

（4）统一协调的行为

人的行为是受意识支配的，因此人的意识与行为是统一的。心理健康者的行为协调表现在：第一，意识与行为的一致，言和行的一致；第二，在相同或类似情况下的行为表现是一致的。心理不健全的人则思维混乱、矛盾，言行不一，语言支离破碎，语无伦次，做事有头无尾或三心二意，处理事情毫无条理。

（5）人际关系适应。

人生活在社会中，人与人之间要结成各种各样的关系。人际关系形式很多，其中比较重要的是父母与子女的关系、夫妻关系、师生关系、同事关系、朋友关系、亲属关系、上下级关系、个人与集体的关系等。一个人能正确对待与处理这些关系，就具有正常的心理适应能力；如果不能正确对待处理这些关系，则称为人际关系的心理失调。

（6）反应适度

人的反应适度是心理健康的又一重要标志。人的反应存在着个体差异，有的人反应敏捷，有的人反应迟缓，但这种差别是有一定限度的。反应敏捷绝不是神经过敏，反应迟钝也并不是不反应。人的反应的心理变态表现为反应的异常兴奋或异常淡漠。

（7）心理特点与年龄相符

人在一生中会经历儿童、少年、青年、中年与老年各个年龄阶段。在一定的社会条件下，人在不同的年龄阶段会表现出不同的心理特点。人的心理年龄特征具有一定的稳定性，但是处于不同的历史时期、社会条件，乃至同一时代而具体生活条件不同的人，其心理特点也会有所变化，存在着一定的差异。儿童、少年、青年、中年、老年各有其年龄阶段应有的心理特点。不同年龄的人，一般心理特点与其所处年龄阶段的心理特点基本符合，这是心理健康的表现。

4. 群体的知识和技能结构

企业生产经营的顺利运转需要各方面的人才，既需要掌握不同知识的专业人员，又需要不同技术层次的人员。这样才既能保证生产经营任务的完成，又能尽可能降低人工成本；既能保证组织的需要，又能使员工才能得到最充分的利用和发挥。因此，企业员工的群体知识和技能结构是企业人力资源素质高低的又一个重要指标。

群体知识技能的年龄结构非常重要。一方面，它关系到企业发展过程中新老员工更替的顺利进行；另一方面，不同年龄的员工对不同的岗位有不同的优势和作用。年龄结构分析一般按员工的年龄进行分组统计，用统计图或统计表反映出员工的年龄分布状况，并预测今后年龄结构的发展趋势。

专业技能结构主要指企业员工中掌握不同知识技能的人员的比例关系。企业的运营需要多方面的人才，既要有一线的操作人员，又要有工程技术人员，还要有管理人员，在各类人员中又有其专业分工结构的问题。只有企业生产经营中所需要的各类人员按比例有序结合，人力资源才能得到充分合理的利用。专业技能结构的分析，可以通过计算其比例进行，也可根据工作分析的原理进行。

知识技能层次结构指的是企业所拥有的高、中、初级职称人员的比例关系，一般通过计算各类人员的比重来进行分析。企业人力资源中，高、中、初级人员应与其生产经营的项目及其未来的发展前景和市场竞争状况相适应，否则就会出现人才的短缺或人力资源的浪费。

5. 员工队伍的整体素质评价

企业间由于所从事的行业不同，面对的目标市场不同，经营的产品层次不同，因此对员工的素质要求也不相同，但任何企业都要求其员工必须适应本职岗位。企业员工对其岗位的适应性是衡量该企业员工整体素质高低的通用标准。企业员工对其本职岗位的适应性可用适职率来表示。适职率等于素质适应岗位职务要求的员工人数与企业的全部员工人数之比。

第二节　人力资源需求预测

一、影响人力资源需求的因素

人力资源需求是指一个组织按照自己的发展规划，为提供一定量的产品和服务而需要招聘的人员数量与类型。

影响人力资源需求的因素很复杂，既有社会、政治、经济等方面的因素，也有企业的战略、经营状况、管理水平及现有员工素质等因素。下面我们将分别从企业外部环境、企业内部环境和人力资源自身三个方面加以分析。

（一）企业外部环境因素

企业外部环境影响人力资源需求的因素很多，经济方面的因素，社会、政治、法律方面的因素，技术进步、竞争者状况和劳动力市场等都会影响人力资源需求状况。

1. 经济环境

经济环境影响企业未来的发展趋势和社会经济发展状况，对企业人力资源需求也有很大的影响。这里所说的经济环境既包括国家或地区的经济状况、行业的经济状况，也包括世界的经济状况。特别是在经济全球化的今天，企业越来越多地参与到世界范围的竞争中，各国经济状况都可能对一国企业的人力资源需求和配置产生直接或间接的影响，如区域性的经济危机导致世界范围的经济疲软，对人力资源的需求普遍下降。再如，经济周期的变化也会影响人力资源需求，经济高速发展时期，企业对人力资源的需求比较旺盛，而经济低迷时期，社会对人力资源的需求可能普遍不足。虽然经济因素对人力资源需求的影响较大，但是可测性较差，只能据此做一些宏观层面的分析。

2. 社会、政治和法律环境

社会、政治和法律环境包括社会习惯、国家政策和行政体制、法律法规等方面的因素。社会和政治环境如政局的动荡会影响人力资源需求，进而影响企业的人力资源规划。

法律法规的变更也会影响人力资源需求，如户籍管理政策和档案管理办法的变更、社会保障法规的变更、环境保护法规的变更等都会引起人员流动及供求的变化，进而影响人力资源规划。

这些因素虽然容易测量，但对企业的真正影响却难以确定。比如，国家的一项法规从颁布到执行有一段滞后期，在此期间很难不折不扣地执行。然而这些因素对人力资源需求的影响有时却很明显，如国家制定了扶持高科技产业的政策，会导致企业对计算机信息类人才的需求增加。

3. 劳动力市场

劳动力市场是影响企业人力资源需求的一个重要因素。劳动力市场是企业获取人才的外部场所，它是随时变化的，这也引起企业内部劳动力质量和数量的变化，企业只有对劳动力市场进行分析，才能够准确地进行人力资源需求预测。

4. 技术进步

技术革新与进步对人力资源需求的影响较大。市场竞争推动技术进步，技术创新和升级换代通常伴随着对低技能劳动力需求的减少，而对高技能人才需求的增加。技术的创新和升级经常在不同行业中出现，不同技术也需要不同类型、不同专业的人力资源，如第二次工业革命大大提高了劳动生产率，使得对人力资源（主要是低技能的工人）的需求锐减，而相应对能熟练使用现代机器的工人的需求剧增。现在，信息技术和生物技术革命已经对我们的社会经济生活各方面产生了巨大的影响，它们既会直接影响企业的人力资源需求，也会通过人们对企业产品或服务需求的改变对企业人力资源需求产生间接影响。

5. 外部竞争者

外部竞争者始终是影响企业人员需求的一个重要因素。一方面，竞争者之间可能相互争夺人才，直接影响企业的人力资源配置和需求；另一方面，竞争对手的易变性，导致社会对企业产品或劳动力的需求变化，这种对产品或劳动力的需求变化必然引起企业人力资源的需求变化。特别是在人才紧缺的地方，竞争对手的人才政策对企业的人才有很大的影响，企业更需要有针对性地进行人力资源需求预测，并开展人员招聘活动。

此外，不同的地区由于经济发展不同，人力资源需求也不一样。典型的是，中国的东部沿海地区经济发达，对高级经营管理人才和技术人才有更高的现实需求，而西部地区随着经济发展步伐的加快，对人才的需求也会越来越旺盛。地区因素在对人力资源需求产生影响的同时，对人力资源的供给也会产生影响。

（二）企业内部因素

上面分析了影响人力资源需求的宏观因素。但是，社会对人力资源的总需求是以微观经济单位（即企事业单位等）为基础的，人力资源需求的现实形态是微观的，各个微观经济单位对人力资源的需求总和才形成一个社会对人力资源的总需求。因此，仅仅从宏观上研究影响人力资源需求的因素是极为粗糙的，很可能在数量和质量方面存在极大误差。即使在总体上大致准确，也会在需求结构上存在缺陷。所以说，虽然我们进行人力资源需求预测离不开对宏观因素的考虑，但对企业而言，明白影响本企业人力资源需求的微观因素也许更有意义，下面就从微观层面即企业内部的角度来分析影响人力资源需求的因素。

企业内部影响人力资源需求的因素主要有企业战略、经营状况、企业的管理水平和组织结构等。

1. 企业战略

企业战略是影响人力资源需求的重要因素，企业的战略目标定位为企业规定了发展方向，决定了其发展速度，也就决定了企业发展需要什么人来完成。由于战略的实施一般需要较长的时间，因此企业在制定战略时，既要考虑现有的人员状况，也要为未来的发展储备人才，要么进行培训开发，要么从外部招聘。战略一旦制定，就会对企业未来的人力资源需求和配置产生决定性影响。如果企业希望发展壮大，采取扩张性战略，进入新的市场、扩建部门机构或成立分公司，则将来需要具备一定素质的员工数量就会增加。因此，战略规划和组织计划制约、规定着人力资源规划，并对人力资源需求预测提出要求。

2. 企业的经营状况

组织的经营状况也是影响人力资源需求的重要因素。高效率的组织为了满足企业高速扩张的需要，可能需要的人员数量较少但是质量要求较高。如果组织经营效率低下，则需要分析现有人员的配备是否合理，甚至涉及减员问题。其他与经营状况有关的影响企业人力资源需求的具体指标有：组织的工作任务（如销售量和销售额）、完成工作量的决定因素等。举例来说，企业如果希望生产量或销售量增加一倍，那么完成工作所需的人数必然也相应增加，但不能简单地增加同样的倍数，而要考虑到企业的生产率和管理效率等因素。

3. 企业的管理水平和组织结构

企业的管理水平是指组织生产经营活动的技术和方法所达到的先进程度。企业管理水平高，则可以充分利用现有人员，但是管理水平的高低首先取决于管理人员的素质。因此，企业如果要提高管理水平，对高水平管理人员的需求就较大。此外，现有组织高层发生重大变化时，组织战略及人事政策都会随之改变，自然也会影响人力资源需求。

组织结构对人力资源需求也会产生影响。组织结构影响人力资源需求的数量、结构，随着组织趋于扁平化，管理幅度增加，员工跨层升迁的机会也就有所减少，同一级别的人员供给相对过剩；对一般员工的需求减少，对具有较高管理能力的高层管理人员的需求增加；对现有员工的需求减少，而对从外部招聘新人的需求增加。组织结构对人力资源需求的影响，还体现在要求员工有更高的素质、能学习适应新角色等方面。

(三) 人力资源自身因素

人力资源自身因素也会影响企业人力资源需求，主要表现为现有人员的素质、结构、流动以及过剩与短缺状况。人力资源需求预测其实不仅仅是预测未来所需的人才，合理使用现有的人力资源显得更重要。现有的人员要看能否满足企业增加产量、提高效率的需要，能否适应市场竞争的需要。如果现有的人员配置合理，则相对来说，现有工作对人力资源的需求就不太重要，而可以着眼于未来。此外，还要考虑组织中人员因为辞职或中止合同而发生的流动因素。人员流动对企业来说成本相当高，包括离职成本、重置成本和培训与开发成本等，对于专业技术人员和管理人员来说，可能流动成本还要高得多。人员流动性对人力资源需求提出了更高的要求，人员流动可能导致企业前期的人力资源需求预测不准确，这就要求企业根据人员流动情况面向未来做出合理的动态性、前瞻性预测。

二、人力资源需求预测的过程

人力资源需求预测是根据组织战略规划，在了解组织现有人力资源结构和分布的基础上，通过相应的步骤和方法，确定组织未来某个特定时期或阶段中，对人力资源的数量、结构和素质的需求。人力资源需求预测，是人力资源战略与规划的核心内容，是制定人力资源规划、实施培训与开发方案的基础。通常，组织人力资源需求包含组织当前的人力资源需求、未来特定时期内因业务调整而导致的人力资源需求变化和未来特定时期内因人员流动而导致的人力资源需求，一般可以通过六个步骤完成，具体如下。

步骤一：现有人力资源盘查。对组织现有人力资源状况（包含总量、结构和素质）进行盘查，统计和确定现有人力资源是否缺编或超编，确定现有人员的人岗匹配性，核实人员是否胜任其所在岗位。

步骤二：现有人力资源需求确定。结合对组织现有人力资源盘查的结果，以及当前业务发展需要的人员需求，与组织内各部门主管/经理沟通，确定组织各部门当前的人力资源需求，并汇总得到组织当前的人力资源需求。

步骤三：确定组织未来特定时期内与业务发展相匹配的人力资源需求。根据组织未来特定时期内的总体战略目标，以及组织各业务单元和部门与业务发展相匹配的人力资源需求。需要特别指出的是，与组织未来特定时期内业务发展相匹配的人力资源需求，并不一定是增长的。例如，当组织实施战略收缩时，与业务发展相匹配的人力资源需求可能是负增长或者结构性变化的。

步骤四：确定因人员流动导致的未来特定时期的人力资源需求。依据人力资源盘查的结果，预测未来特定时期内人员退休、晋升、调动、辞职、辞退和死亡等可能的人员变化情况，预测未来特定时期内因人员变动情况而导致的人力资源需求。

步骤五：汇总组织人力资源总需求，编制组织人力资源需求表。汇总组织当前人力资源需求、未来特定时期内与业务发展相匹配的人力资源需求和因人员变动导致的人力资源需求，并按时间顺序编制人力资源规划时期内，各个特定时期内的人力资源净需求表。

步骤六：反馈与调整。由于组织人力资源需求受到组织内外部许多因素的影响，所以组织人力资源需求会根据组织运行的实际状况进行反馈与调整，如一些特殊技术人才的引进等。

三、人力资源需求预测的方法

人力资源需求预测的方法有许多，包括经验预测法、专家预测法、零基预测法、驱动因素预测法、趋势外推法、回归分析法、比率分析法和计算机模拟预测法等，可以分别归类为定性预测法和定量预测法。下面分别对这些方法进行简要介绍。

（一）定性预测法

1. 经验预测法

经验预测法是最简单的预测方法，在现实中的运用非常广泛。经验预测法由各级管理人员根据自己过去的工作经验和对未来业务量变动的估计，预测组织特定时期内的人员需求。由于经验预测法以管理者的经验为基础，所以也被称为管理者经验预测法。经验预测没有明确、可靠的量化依据，管理者的判断和估计在很大程度上依靠个人经验和直觉，根据管理者的预测形成总预测的途径不同，可以分为"自下而上"和"自上而下"两种方式，下面分别进行简要介绍。

（1）自下而上法

自下而上法的基本假定是，每个部门的管理者最了解本部门的情况，最有资格且能够准确判断本部门未来的人员需求，其一般步骤如下。

步骤一：最基层的管理者根据本单位组织的情况，凭借经验预测本单位组织未来对人员的需求。

步骤二：下级部门向上级部门汇报预测结果，自下而上层层汇总。

步骤三：人力资源部门从各级部门收集信息，通过判断、估计，对各部门的需求进行横向和纵向的汇总，最后根据企业的发展战略制订总的预测方案。

步骤四：预测被批准后，正式公布，将预测层层分解，作为人员配置计划下达给各级管理者。

（2）自上而下法

自上而下法的基本假定是，高层管理者最清楚组织的发展战略和未来方向，可以从宏观上把握和分析组织未来的人力资源需求，其一般步骤如下。

步骤一：高层管理者先拟订总体人力资源需求计划。

步骤二：将总体人力资源需求计划逐级下达到各个部门。

步骤三：各部门根据本部门的情况对计划进行修改。

步骤四：汇总各部门对计划的意见，并将结果反馈给高层管理者。

步骤五：高层管理者根据反馈信息修正总体预测，正式公布，将预测层层分解，作为人员配置计划下达给各级管理者。

在实践中，很多组织可能并不是单一地使用"自下而上"或"自上而下"的方式，而是两种方式相结合，以实现更准确有效的预测。例如，组织先提出员工需求的指导性建议，各部门按指导性建议确定具体的用人需求，人力资源部门汇总组织总体的用人需求，形成人力资源需求预测，然后交由组织高层管理者审批，最后执行。具体采取哪种方式，可依组织的具体情况而定。总体上，经验预测法具有简单、实用和粗放的特点，在现实中有用武之地，但是不可过于信赖。一般而言，经验预测法只能做短期的人力资源需求预测，对于规模小、发展稳定的企业，效果颇佳。当企业规模过小、发展非常稳定时，也可考虑用经验预测法进行中长期的人力资源需求预测。

2. 专家预测法

专家预测是利用专家的知识、经验和综合分析能力，对组织特定时期内的人力资源需求进行预测。这种预测方法历史久远，不同学者有不同命名，如专家评判法、专家讨论法和专家评估法等，而且在实际中的应用也非常普遍。根据专家间的不同交流方式，可以将专家预测法分为"面对面"的专家座谈讨论法和"背对背"的德尔菲（Delphi）法两种方式。

（1）专家座谈讨论法

在面对面的专家座谈讨论法中，专家们聚集在一起进行面对面的直接交流，畅所欲言，发表各自观点，并提供具有说服力的依据；在讨论过程中，也可以对别人的观点进行合理有据的提问、反驳，目的在于得出准确有效的组织人力资源需求预测结果。该方法的具体步骤如下。

步骤一：事先将有关人力资源需求预测的背景资料分发给各位专家。

步骤二：举行会议，让专家自由交流观点。

步骤三：在听取各自的观点和理由后，专家们形成比较一致的看法。

步骤四：如果分歧很大，可考虑举行第二次会议，甚至更多次的会议，最终要使专家的看法趋于一致。

步骤五：根据专家们的观点，制订人力资源需求预测方案。

该方法的优点如下。第一，节省时间。专家们面对面，缩短了交流时间，可以通过会议直接得出结果。即使一次会议不能解决问题，可以再举行会议，由于专家间直接交流，所以可以较快地达成一致。第二，直接交流。专家们在事先已形成了各自的观点，在专家们自由发表完意见后，对不清楚、不理解的问题可以直接提问，对不支持的观点可以直接反驳；当然，专家们也可以直接解答别人的质疑，也可以继续维护自己的观点。第三，相互启发。在畅所欲言的交流中，可以听到不同的声音和没有想到的观点，进而开拓思路，并且在各种各样的观点碰撞下，往往会产生一些非常可贵的新思想，而这些思想是独立思考难以形成的。

（2）德尔菲法

德尔菲法是一种背对背式的专家讨论法，由美国兰德公司于 20 世纪 40 年代末首先运用。在德尔菲法中，专家们是"背对背"的交流，即不能直接知道其他专家的想法，而是通过中间人反馈每一轮的预测结果及预测理由。交流往往是通过书面形式，专家间无须见面，甚至不用与中间人见面。其一般的操作步骤如下。

步骤一：成立工作小组，收集汇总人力资源需要预测的背景资料，并将人力资源需求预测设计成若干问题。

步骤二：将人力资源需求预测的背景资料和问题通过信件或电子邮件等方式，发给各个专家，请专家进行研判和评价，并给出个人意见。

步骤三：收回专家意见，统计、归纳结果，然后将汇总和整理好的结果再以信件或电子邮件等方式，以匿名形式反馈给各位专家。

步骤四：在此基础上，专家进行新一轮的研判和评价。

步骤五：重复步骤三和步骤四，直到所有评判专家的意见趋于一致。

步骤六：根据专家们的最终预测，制订人力资源需求预测方案。

德尔菲法一般由人力资源部门组织实施，首先在组织内部和外部挑选专家，专家应具有代表性，可以是一线管理人员、高层管理人员或外请专家。一般建议邀请10~30位专家参与评估预测，也可视具体情况确定人数，但所挑选的专家应该具有代表性。应用该方法时需要注意如下问题：

第一，设计的问题数量不宜太多，在措辞上应准确，不能引起歧义。一次设计的问题不宜太多，只问与预测有关的问题，问题之间不应相互包含，有助于减少问题数量，有利于让专家将精力集中在主要的问题上，保证预测评价的有效性和准确性。措辞应尽量简洁规范，可以包含一些人力资源管理方面的术语和概念解释，让专家们从同一角度理解问题，避免由于定义不同而得出不同的结果。

第二，为提高预测的效果，人力资源部门应精心准备背景资料，保证提供的资料尽可能充分、真实、准确和有效。背景资料应包含所有与人力资源需求预测有关的重要信息，信息量要充足，否则难以保证专家得到足够的相关信息；同样，在量上也不能太多，否则专家会陷于冗长的信息中，不但花费时间，而且不利于捕捉关键信息。

第三，做好评审过程中的信息反馈和专家匿名性。收回专家意见后，需要进行统一规范的整理分析，可以应用一些量化统计分析的方法。例如，如果专家间的水平有较大差异，则不同专家的答案应该给予不同的权数。反馈整理结果时，所有专家的答案均是匿名，以免评价过程受到人为因素的干扰。

总体上，在没有历史数据的情况下，专家预测法特别适用。专家可以从较长远、宏观的角度预测，所以可以作为中长期的预测方法。在技术型企业中，用于预测技术人才的中长期需求最为有效，因为技术专家可以根据技术发展的趋势，更为可靠地预测该技术领域将来对技术人员的需求。

3. 零基预测法

零基预测法是以组织现有员工数量为基础，预测组织未来特定时期的人力资源需求。实际上，人力资源计划也是采取同样的步骤进行零基预算的，每年每项预测都要据此做出调整。如果员工退休、被解雇或出于某种原因离开了组织，这个位置不会自动补充人。组织必须进行人力资源需求分析，以确定是否有必要补充人。当需要设立新职位时，也要进行同样的分析。零基分析法的关键是对人力资源需求进行详尽的分析。

零基预测需要了解当前的人员情况以及新出现的变化，如职位增加、调整或撤销。具有自身授权层次和人员配置结构的当前组织，是开始进行人员配置需求分析合乎逻辑的起点，甚至灵活的、不断变化的组织也将其当前"需求"确定为"得到批准的人员配置"，而不仅是现有员工人数。

很多组织都使用一种正式的职位安排与控制程序来控制人员的增加，以及职位和组织结构的变更。在这种情况下，由高级管理人员（或一个委员会或职能部门）评审拟议新的职位或组织变革，包括人员扩充。无论何时，只要一个职位成为空缺职位，就可以对其进行评审，审查它存在的必要性及其构成是否合适。如果在制订人力资源需求计划的过程中采取一种"零变化"的战略，这种方式就要求提出新职位或人员补充建议的单位管理者阐明理由。

一种类似的但较少限制的程序是要求新职位的设立、组织变革或人员聘用必须得到必要的批准或授权。人力资源信息系统可以提供一种自动指示，说明所建议的职位是否被纳入预算计划并得到授权。预算授权可以详细说明需要什么样的人员配置以及与以前的人员配置要求有什么不同。

4. 驱动因素预测法

该方法的原理是某些与组织本质特征相关的因素主导组织活动，进而决定组织的人员需求量。驱动因素预测法首先需要找出这些驱动因素，并根据这些因素预测人力资源需求，其一般步骤如下：

步骤一：寻找驱动因素。影响人力资源需求的驱动因素很多，但并不是所有的因素都必须考虑进去，可行的办法是找出最主要的几种驱动因素。

步骤二：分析驱动因素与人力资源需求之间的关系，建立相应的预测关系图表或模型。

步骤三：预测驱动因素的可能变化，包括变化的趋势和数量。

步骤四：基于已建立的预测关系模型，根据预测的驱动因素影响，预测人力资源需求。

由于企业性质、特征不同，每个企业的驱动因素会有差异。通常，驱动因素主要包括产量方面的变化（收入、生产或销售的单位或数量、完成的项目与交易等）、所提供服务的变化（数量、质量与速度等）、客户关系的变化（规模、时间长短与质量等）和新资本投资（设备、技术等）。例如，制造型企业的人员需求与产量密切相关，而服务型企业的人员需求则与客户数量相关。驱动因素的一般选取原则如下：①人力资源需求与驱动因素应该显著相关；②驱动因素应该容易预测；③驱动因素的影响应该可以测量。

驱动因素预测法是当今组织的首选方法，因为该方法透明、合理、慎重，管理者很清楚对组织具有直接影响的人员配置需求驱动因素，并且能够根据自己的判断进行调整。不过，这种方法经常用于操作人员和事务性岗位的人员需求预测。

（二）定量预测法

1. 趋势外推法

将人力资源需求量的历史数据按时间顺序排列，即可形成一个时间数列。当这个时间数列存在规划性的趋势变化时，则可以用该时间数列的规律性发展趋势推断组织特定时期内的人力资源需求，也即人力资源需求趋势外推法。趋势外推法事实上只是时间序列法中的一种，另外两种是滑动平均法和指数曲线法。由于趋势外推法使用频率最高，所以在此仅对趋势外推法进行介绍。

趋势外推法中，最重要的是找出趋势线。找出趋势线的方法有多种，一般有绘图法、分段平均法、最小二乘法和指数平滑法等。最简单、最直观的方法是绘图法。以人力资源需求量为纵轴，以时间为横轴，在坐标图上描出各年的历史数据。观察这些点是否有一定的发展规律，如果有，尝试在图上画出一条直线或曲线，使大多数点尽可能与这条线重合或接近。如果存在这样的线，则认为这条线就是趋势线。按这条线的发展趋势，延长趋势线。此后，在图上可以找到未来各年对应的人力资源需求。

绘图法比较简单，但是绘制趋势线有较大的随意性，所以得出的结果也比较粗略。为了弥补这一缺点，可以用其他方法推出趋势线公式，从而得到更准确的数据。求趋势线的方法很多，可以根据预测的要求选择方法。此外，由于涉及数据分析与处理，也可以借助一些数据分析和统计软件（如 SPSS、STATA 等）完成这个工作。

运用趋势外推法必须满足两个前提：一是组织要有历史数据（一般用过去至少 5 年的数据进行预测）；二是这些数据要有一定的发展趋势可循。很多组织都能满足以上两个条件，所以趋势外推法有广泛的运用空间。虽然这种方法很实用，但是过于简单，只能预测出大概走势，作为初步预测时很有价值。在运用趋势外推法时，隐含了一个假设，即未来仍按过去的规律发展。这种假设过于简单，现实中，由于很多因素在变化，组织的人力资源需求很少按照过去某种特定趋势发展。特别当预测的时间变长时，大多数因素都会发生变化，导致预测结果不准，所以趋势外推法只能用于短期预测。如果人力资源需求在时间上显示出明显的均等趋势，并且市场环境稳定、企业发展平稳，此时用于短期预测会有较好的效果。

2. 回归分析法

回归分析法是通过建立人力资源需求与其影响因素间的函数关系，也即回归方程，根据影响因素的变化推测人力资源需求量的变化。根据自变量与因变量的关系，可将回归方程分为非线性回归方程和线性回归方程；根据自变量的多少，可分为一元回归和多元回归。由于非线性回归比较复杂，而且在人力资源需求预测的实际活动中，线性回归可操作性较强，所以只介绍线性回归分析法。下文分别简要介绍一元线性回归和多元线性回归分析方法及其应用。

（1）一元线性回归。一元线性回归方程只有一个因变量和一个自变量。当某一因素与人力资源需求量有高度相关关系时，并且这种相关性呈线性，可采用一元线性回归。也可通过分析历史数据，看哪个因素与人力资源需求高度相关，可以用相关系数评价相关性。

（2）多元线性回归。在现实的经济社会中，影响人力资源需求的因素往往不止一个，而是有很多。一般由多个主要因素共同决定人力资源需求量，当这些因素与人力资源需求量之间也是线性关系时，就采用多元线性回归法。

多元线性回归方程有多个自变量和一个因变量。当同时有几个因素与人力资源需求相关性较高，并且这几个因素之间的相关性较低时，可以考虑采用多元线性回归法。仍然先评价所有变量间的相关性，用符合上述条件的变量设计多元线性回归方程。

回归分析法是利用历史数据，分析变量之间的相关关系，用回归方程预测未来变动。这种方法的理论依据充分，可以很好地利用历史数据。但是如果企业的历史数据少，或者不全，运用回归分析法有一定的困难。同时，如果企业发生一些特殊变动，可能会明显地影响该年的员工人数，如公司重组、转向经营等，会影响变量间的变动关系，从而降低回归方程的使用效果。

3. 比率分析法

比率分析法是通过特殊的关键因素（如销售额、关键技能员工的数量等）和所需人员数量之间的一个比率确定未来人力资源需求的方法。该方法主要是根据过去的经验，将企业未来的业务活动水平转化为对人力资源的需求，其具体步骤如下：步骤一，根据需要预测的人员类别选择关键因素；步骤二，根据历史数据，计算出关键因素与所需人员数量之间的比率值；步骤三，预测未来关键因素的可能数值；步骤四，根据预测的关键因素数值和比率值，计算未来需要的人员数量。

比率分析法中，关键因素的选择非常重要。通常，应该选择影响人员需求的主要因素，这类因素更容易测量和预测，与人员需求存在较稳定、精确的比率关系。由于选择的关键因素不同，可以将比率分析法再细分为两类，即生产率比率分析法和人员结构比率分析法。

（1）生产率比率分析法。生产率比率分析法的关键因素是企业的业务量，如销售额、产品数量等，根据业务量与所需人员的比率关系，可直接计算出需要的人员数量。假如要预测未来需要的销售人员数量、未来需要的生产工人数量、未来需要的企业总人数，可分别用式以下公式进行计算：

$$销售收入 = 销售人员数量 × 人均销售额 \tag{4-4}$$

$$产品数量 = 生产工人数量 × 人均生产产品数量 \tag{4-5}$$

$$经营收益 = 人力资源数量 × 人均生产率 \tag{4-6}$$

（2）人员结构比率分析法。人员结构比率分析法的关键因素是关键岗位所需要的人数，根据关键岗位与其他岗位人数的比率关系，可以间接计算出需要的人员数量。假设知道关键岗位 A 与一般岗位 B 之间的人数比率 r，并且可以预测到未来需要多少 A 类人员，则可以预测出相应需要多少 B 类人员。例如，B 类人员是文秘，A 类人员是销售人员；B 类人员是办事人员，A 类人员是生产工人；等等。

$$r = 过去 B 类人员数量 / 过去 A 类人员数量 \tag{4-7}$$

$$需要的 B 类人员数量 = 需要的 A 类人员数量 × r \tag{4-8}$$

运用比率分析法的前提条件是生产率保持不变，如果发生变动，则按比率计算的预测人员数量会出现较大的偏差。例如，一个工人一个月生产 800 个零件，计划下个月生产 8 000 个零件，如果生产率不变，则下个月需要 10 个工人；但如果下个月因为改进设备，每个工人的月产量提高为 1 000 个零件，则只需要 8 个人就够了。可见，如果生产率变动，则上述方法将不再适用。此时，如果要运用比率分析法并得到较精确的结果，可以把生产率变化的影响考虑进公式，从而得到式，即：

$$计划期末所需员工数量 = \frac{目前业务量 + 计划期业务量增长量}{目前人均业务量 × (1 + 生产增长率)} \tag{4-9}$$

由于比率分析法假设关键因素与需求人员间的比率保持不变，而这只能在较短的一段时间内实现，所以这种预测方法最适用于短期预测，勉强可运用于中期预测，用于长期预测则会失效。

4. 计算机模拟预测法

随着计算机和数据分析技术的发展，人类信息处理的能力越来越强。正如上文所论述，组织人力资源规划受组织内外多种因素的影响，因此，要对组织人力资源需求进行精确有效的预测，最好的方法是综合考虑多种因素，甚至可以对现实情境变化进行虚拟模拟，以做出最佳的组织人力资源需求预测。计算机模拟预测法应运而生。该方法综合考虑影响人力资源需求的种种因素，建立预测人力资源需求的模型，将这些影响因素在未来可能的数值输入计算机，最终得到相应的人力资源需求方案，其具体步骤如下。

步骤一：分析并确定影响人力资源需求的各种关键因素。

步骤二：分析这些因素之间的联系，以及与人力资源需求的关系。

步骤三：借助计算机建立人力资源需求预测模型。

步骤四：将未来各种因素可能出现的数值输入计算机，模拟未来的环境，计算机直接输出人力资源需求方法。

模型中应包括一些重要的数据，如生产单位产品需要的直接劳动工时、销售额等。如果包括的数据足够充分，除可预测出的总人数外，还可预测出各个岗位需要的具体人数。

计算机模拟预测又被称为在"虚拟的世界"里进行实验，在这个实验中，最主要的一些影响因素可归入生产计划和销售计划。输入不同的生产计划和销售计划，可以得出不同的人力资源需求方案，这一过程就像一个实验过程。因此，运用这一系统，可以很快地将生产计划、销售计划转化为对人员的需求。

第三节　人力资源供给预测

一、人力资源供给的影响因素

（一）内部供给影响因素

对内部人力资源供给进行预测时，需要考虑组织战略、组织结构和组织人员流动等因素对组织特定时期内的人力资源供给进行预测。对组织内部特定时期的人力资源供给，是以组织当前的在岗员工数量和结构状态为基础的，但内部人力资源供给却有可能因组织战略、组织结构和组织人员流动情况，导致组织特定时期的人力资源供给状况。

1. 组织战略与内部人力资源供给

组织内部人力资源市场的可供给程度首先取决于组织发展战略。例如，如果组织准备实施收缩战略，超过 50 岁的员工就要考虑提前退休。假设组织在进行人力资源现状盘查时，发现有大量高、中级经理年龄在 50 岁以上，则说明组织的高、中级管理人员将过剩，即组织未来内部有经验的高、中级管理人员将供过于求。相反，如果组织实施扩张战略，则造成组织内部高、中级管理人员供给不足。一般来说，组织战略的变化，主要是造成组织人力资源战略结构性供给状况的变化，组织内部的人力资源供给总量在特定时期内基本上保持不变。

2. 组织结构与内部人力资源供给

组织结构主要涉及组织层级数和组织管理幅度。对于层级数和管理幅度小的瘦高型组织结构，层级内（如中基层级）的人力资源供给数量相对较少，组织在进行管理人员选拔和人员晋升时，候选人可选范围相对较小；而对于层级数少和管理幅度大的组织，中基层人员数量相对较大，因此，中基层级内的人力资源供给数量相对较大，在组织进行管理人员选拔和人员晋升时，候选人池则相对较大。对于矩阵制组织，特别科技企业常用的网络制组织结构，其人力资源供给状况则比较综合和灵活，人员变化通常是横向流动，因此人员供给的综合性较强。此外，对于事业部制和一些大型企业集团来说，内部人力资源供给的总量是非常大的，其可能存在的问题是，不同事业部之间或子公司之间人力资源供给结构上的平衡。例如，如果是非相关多元化企业集团，有可能无法实现不同子公司间的人力资源横向供给。

3. 组织人员流动与内部人力资源供给

组织人员流动状况可以从总体人员流动率和结构性人员流动率的情况分析。例如，某个组织可能总体流动率较小，但有可能在销售人员或服务中心的人员流动率非常大，进而影响组织特定时期内的人力资源供给状况。因此，查明人员流动的组织影响因素，对组织内部人力资源供给预测非常重要。这需要组织建立良好的内部沟通和人力资源盘查制度，以及时掌握组织成员的思想状况和心理状况，掌握组织可能发生的人员流动趋势。

此外，组织的人力资源获取政策、人力资源管理职能专业性程度等管理措施，也有可能会影响到组织内部的人力资源供给。例如，如果采取以外部获取为主的战略，那么将造成内部人员晋升的受阻，进而造成组织中基层人员的过剩。

（二）外部供给影响因素

外部人力资源供给是组织获取人力资源的重要途径，外部人力资源供给状况可能成为组织发展的制约因素，甚至有可能成为组织发展的瓶颈。因此，做好组织外部人力资源供给预测，对组织具有非常重要的作用，这需要对组织外部人力资源供给的影响因素有清晰全面的认识。通常，影响组织外部人力资源供给的因素主要有地域性因素、宏观经济发展趋势、社会文化心理因素、政策法规、科技发展和人力资源市场发展等。

1. 地域性因素

地域性因素主要包括组织所在地的人力资源供给现状、全国性的人力资源分布和人力资源的跨地域流动性等。组织所在地的人力资源供给现状涉及所在地的人口数量与质量，具体包括不同年龄段的人口分布、可工作人口数量、受教育程度和本地经济状况等。全国性的人力资源分布是指国家人口在全国的分布状况，如经济发达地区就业机会多，进而吸引全国各地的优秀人才，呈现优秀人才集聚的情况；又如，北京、上海、广州、武汉和成都等地拥有大量知名高等院校，能够提供大量优秀的高等院校毕业生。

人力资源的跨地域流动性主要受制于个体观念、交通运输系统发达程度、地区环境气候和人文风俗等因素的影响，如前几年高校毕业生及一些白领阶层等逃离北京、上海、广州的现象，进而影响到这些地区的人力资源供给。

2. 宏观经济发展趋势

宏观经济发展趋势涉及国家、区域、行业经济发展程度和趋势。总体上，从宏观经济趋势来看，一般来说，国家或区域性经济发展稳定和前景良好，行业发展趋势良好时，组织间竞争激烈，进而导致外部人力资源，特别是稀缺性和关键性人力资源供给不足；反之，当宏观经济不景气时，或经济下滑时，社会失业率高，则造成人力资源富余。此外，在全球化的今天，某个区域或国家的经济趋势，已经不再是自身能够决定，因此，组织在进行外部人力资源供给预测时，国际经济趋势也不是不可忽略的因素。例如，随着中国国内生产总值（GDP）的增长和创业机会的吸引等，海归甚至外籍人才大量进入中国。

3. 社会文化心理因素

这主要涉及国家或区域性的民族文化与生活风俗。例如，中国社会受传统家文化的影响，有些青年人可能不愿意去离家远的地方工作，特别是对于"80后"、"90后"独生子女，不少父母希望子女能够留在身边。又如，少数民族人员可能由于不习惯其他民族的生活风俗，而无法到其他地区工作。近些年来，"90后"因价值观差异的难以管理、流动性大，"80后"的"啃老族""自愿性失业"等心理因素，都将对外部人力资源供给产生一定的影响。但需要指出的是，在全球化的趋势下，不同国家之间文化价值观的差异，也有可能会导致国际人才的流动受阻。

4. 政策法规

在经济波动时期，为了保持社会稳定和充分就业等，国家与政府会出台相关政策法规，以引导和规范外部人力资源。此外，地方政府为了促进本地经济发展，或为了保护本地劳动力的就业机会，也可能会颁布一些地区的政策法规。例如，各地的购房贷款政策、城市公共服务建设和使用、城市户籍制度、税收政策和人才引进政策等，在一定程度上将影响到所在地的人力资源供给。

5. 科技发展

科学技术的发展将对人力资源供给的结构、数量和方式等产生影响。具体体现在以下两点。

第一，技术进步使资本有机构成越来越高，将导致资本对劳动的替代率迅速提升，进而使大量的劳动密集型产业和组织受到冲击，许多蓝领工人进而面临失业，与此同时，组织对掌握高新技术知识人才的需求也将刺激这类人才的供给。

第二，新技术的出现将导致只掌握旧技术的人员被淘汰，造成这类人员的失业和供给过剩。另外，值得关注的是，随着互联网、移动互联网和网络社交媒体等技术的成熟与运用，正在打破旧有的人力资源供给的分布和格局。例如，领英（Linkedln）、脸书（Facebook）、微信（Wechat）和赤兔等社交网络，已经成为许多组织网络特殊人才的途径，而且在这些社交媒体出现之前，已有组织通过微博进行人才招聘。有些学者预测，网络将颠覆人类社会以往的一切事物形态，如果这个观点是一种准确的预测，那么组织外部人力资源供给也必将因为网络的发展而发展改变。

6. 人力资源市场发展

人力资源市场发展主要包括人口现状与发展趋势和人力资源市场发育程度等。毫无疑问，国家或区域性人口现状（即规模、年龄分布、素质和劳动参与率等）和发展趋势（如特定时期内的人口老龄化、新生儿数量等），直接决定着外部人力资源供给的大趋势。人力资源市场的发育程度主要是指人力资源流动市场体制机制的形成与建设。例如，在21世纪初左右，中国建立了一批国家级的人力资源市场，进而对地域性人力资源流动起到了很大的配置作用；特别是21世纪初出现的专业性网络招聘服务机构，在一定程度上都打破了人力资源供给的地域性限制。

二、人力资源供给预测过程

人力资源供给预测是指为了满足组织未来对人员的需求，根据组织的内部条件和外部条件，选择适当的预测技术，对组织未来从内部和外部可获得的人力资源结构、数量与质量进行预测。首先，预测供给是为了满足需要，不是所有的供给都要预测，只预测企业未来所需人员的供给；其次，人员供给有内部和外部两个来源，因而必须考虑内外两个方面；再次，应该选择合适的预测技术，用较低的成本达到较高的目的；最后，需要预测出供给人员的数量和质量。

人力资源供给预测是一个较为复杂的过程，通常可以按照如下步骤进行。

步骤一：核查组织现有人力资源存量与结构，即对组织内现有的人力资源数量、结构和质量等进行盘查。

步骤二：了解组织人力资源可能出现的调整情况。了解组织现在及未来特定时期内可能出现的人力资源调整情况，包括组织员工职务的现有和未来可能会出现的调整政策以及历年的调整证据，统计出员工的比例。

步骤三：确定组织内的人力资源供给。根据步骤一和步骤二的结果，统计得出组织内部在未来特定时期内的人力资源供给状况。

步骤四：组织外部人力资源供给影响因素分析。对影响组织外部人力资源供给的影响因素进行分析，包括宏观经济状况、国家政策法规和外部劳动力市场状况等。

步骤五：确定组织外部人力资源供给。基于组织外部影响因素分析，采用定性与定量的方法确定组织外部人力资源供给状况。

步骤六：编制综合人力资源供给预测结果。汇总人力资源内部供给和外部供给的预测结果，编制综合人力资源供给预测结果。

三、人力资源供给预测方法

（一）内部人力资源供给预测方法

组织内部人力资源供给预测常用的方法包括技能清单法、岗位接替法和马尔可夫链分析法。

1. 技能清单法

技能清单法源于对组织现有人力资源的测算。单独的管理人员技能清单通常称作管理人才库。员工技能清单是用来反映员工基本知识技能和能力情况的表单，这些情况包括学习经历、工作经历、培训经历、专业知识技能资格认证、主管的能力评价和职业发展意愿等。通过员工技能清单建立员工的基本工作能力状况和职业发展动向的基本记录，是人力资源供给的重要方法，可用于晋升人员的选拔与决策、管理人员接替计划、特定岗位的工作分配、工作调动、培训开发、生涯规划和人员结构分析等。员工技能清单能真实反映组织内部人力资源供给的基本情况，可用于帮助人力资源规划人员估计现有员工调换工作岗位的可能性，帮助确定现有员工胜任和填补的空缺岗位。

建立和维护组织的技能清单，可以使人力资源管理部门随时掌握组织内人员的构成状况，及时应对各种突发事件和环境变迁。但该方法的一个难点是需要定期对技能清单进行更新和维护，可通过运用计算机和网络技术，建立组织员工技能清单信息系统，以提高该方法的可行性和效率。

2. 岗位接替法

岗位接替法是根据组织内部特定岗位特定时期内的人力资源流动状况，分析组织内部某类人力资源的供给状况。这种方法的一般步骤如下。

第一步，进行岗位分析，明确具体岗位对任职者的任职资格要求。当然，通常来说，很多组织都已建立了规范化的岗位说明书，因此只需要查阅已有的岗位说明书即可完成本步骤。否则，需要进行职位分析，以确定岗位的职责和任职资格等内容。

第二步，在内部员工中，确定潜在的岗位候选人，或培养具有开发潜质的人员。

第三步，画出岗位人员接替图，即根据候选人任职业绩表现和晋升潜力两个因素，确定特定岗位组织内部的人力资源供给状况。需要特别指出的是，岗位接替法主要用于某些特定岗位或重要岗位的人力资源供给预测。

3. 马尔可夫链分析法

马尔可夫链分析法主要用于具有相等时间间隔的具体时点上各类人员的分布状况。在具体运用中，假设给定时期内从低一级向上一级或从某一职位转移到另一职位的人数是起始时点总人数的一个固定比例，即转移率一定，在给定各类人员起始人数、转移率和未来补充人数的条件下，就可以确定出各类人员的未来分布状况，做出人员供给的预测。这种分析方法通常通过流动可能性比例矩阵预测某一岗位上工作人员流向组织内部另一岗位或离开的可能性。简言之，就是找出过去人事变动的规律，从而推测未来的人事变动趋势。

（二）外部人力资源供给预测方法

1. 外部人力资源供给来源分析

组织外部的人力资源供给来源通常包括大中专院校毕业生、复员转业退役军人、城镇待就业人员、农村富余人员、在岗在业的流动人员和其他特殊人员。其中，其他特殊人员包括一些已退休但仍有余力继续工作、在校业余兼职学生或在岗业余兼职人员、监狱服役人员和身体残缺人员等，这些人员可以作为一些特殊性工作的人力供给。

通常来说，大中专院校毕业生和复员转业退役军人每年的人员数量都是计划性的，因此组织对这两类人员的供给情况能够很容易获得。但对于城镇待就业人员、农村富余人员和其他特殊人群，由于其影响因素较复杂，流动频率大和范围广，所以其供给组织相对难以精确预测。而在岗在业的流动人员，尽管存在动态流动性的特点，但由于其处于在岗在业工作状态，组织通常可以根据行业发展状况或产业规模等，对特定专业或类型的在岗在业人员的外部供给进行较准确的预测。

2. 外部人力资源供给预测的方法

外部人力资源供给预测的方法大致可以分为调查法和相关因素分析法两大类。

（1）调查法

调查法是指组织通过对各种外部人力资源供给来源直接进行数据资料收集，在掌握了第一手人力资源市场信息资料的基础上，进行定性和/或定量分析与推算，以得到特定时期组织外部人力资源供给的发展趋势和状况的方法。调查法可以分为档案资料调查法和抽样调查法。

档案资料调查法通常是指通过经由一些特殊的组织机构，如人力资源和社会保障部、教育部、国家退役军人事务部、国家及地方人力资源市场和第三方调查机构等，获取特定时期组织外部的人力资源供给状况。例如，某一年的大中专应届毕业生数可以从国家教育部获得当年全国应届毕业生数和专业结构分布等，也可具体到某省、某区域或某高等院校的应届毕业生数；某年的军队转业人员数也可以到国家或地方军队转业相关负责机构直接获取准确的数字。应届毕业生和军队转业人员都是计划性人力资源供给，因此能够很容易进行准确预测。对于城镇待就业人员、农村富余人员和在岗在业流动人员，则可以通过人力资源和社会保障部或地方人力资源和社会保障厅/局、国家和地方性人才服务机构与私营人才服务机构等，取得过往不同时期的外部人力资源供求变化统计数字，或国家统计局等农村适宜劳动力数据等，然后根据过往这些相关数据预测未来相关人力资源的供给情况。

抽样调查法则是通过问卷和电话调查等方法，直接对特定时期特定区域的各类人力资源现状进行调查。抽样调查可以分为随机抽样调查、分层抽样调查和便利抽样调查等，然后根据抽样得到的数据进行分析推算，以得到某类人才的外部供给状况。由于抽样调查成本较高且时间长，组织较少采用这种方法，即使采用该方法，通常也会外包给一些人才中介服务机构或专业调查公司进行调查。组织在自己实施外部人力资源供给市场调查时，通常以档案资料数据调查为主，抽样调查法为辅的策略会比较实用。

（2）相关因素分析法

相关因素分析法即找到与外部人力资源供给密切相关且数据资料容易获取的因素，通过这类因素推算外部人力资源总量或某类人力资源的外部供给量。例如，通过产业总值推算某产业制造人员的总量，或通过产业总值推算某产业的研发与设计人员。此外，还可以用过去的历史档案数据资料，进行趋势分析，推算外部人力资源供给未来特定时期的供给量。这类方法，类似于人力资源需求预测中的趋势外推法和回归分析法。

第四节　人力资源供需平衡

完成人力资源需求和供给情况的预测后，就需要对人力资源的供需状态进行评估，然后对供需失衡包括结构失衡和数量失衡进行调整。

一、人力资源供需平衡分析

人力资源供需平衡分析是建立在人力资源供需预测的基础上的，是企业人力资源规划工作的核心和最终目的所在。人力资源供需平衡实际上就是外部人力资源市场与企业内部人力资源市场的一种动态平衡，主要包括三个方面。

(一) 专项人力资源计划之间的平衡

一般情况下，为了满足发展的需要，企业会制订一些专项人力资源计划，包括人员补充计划、培训计划、使用计划、晋升计划、薪资计划等。这些计划之间相互联系并相互影响，因此在人力资源规划的过程中就应该充分注意这些计划之间的协调与平衡。

通常，在经过一定程度的培训强化以后，接受培训的员工都会接受一些岗位上的调整变动，他们所承担的责任和即将发挥的作用也会发生很大的变化。在这一过程中，员工的培训计划与企业的人员使用计划是相互联系的，甚至还要考虑到薪资计划。通过这些专项计划的相互作用，企业最终完成人力资源的供需平衡。

(二) 企业需要与员工个人需要的平衡

企业进行专项人力资源规划的另一个重要目的就是，解决企业的需要与内部员工的需要之间的矛盾，只有这两种矛盾在某一层面上达到供需平衡，才能维持企业内部组织结构的稳定。

(三) 人力需求与人力供给的平衡

在整个企业的发展过程中，从总量上看，企业的人力资源供求失衡是一种常态，真正意义上的供求完全平衡是没有的。平衡是一种状态，平衡不是相等，而是供给和需求在结构和数量上处于一种均势。从结构上看，企业所需的人员结构与供给结构总会有这样或那样的偏差，常常是企业急需的人员招聘不到，供给不足，而不太需要或根本不需要的人员供给过剩。综合结构和总量两种因素，企业经常处于人力资源供求失衡状态。企业处于人力资源的供需失衡状态，可以分为结构性失衡、供不应求和供过于求等几种情况（见表4-1）。①

---

① 尹乐，苏杭. 人力资源战略与规划 [M]. 杭州：浙江工商大学出版社，2017：152.

表 4-1　企业发展不同阶段的人力资源供需状态

企业发展阶段	人力资源需求状况	人力资源供给状况
成长期	人力资源需求旺盛	供给不足
成熟期	需求数量稳定，职位调整、自然减员、补充空缺	结构和数量失衡可能同时存在
衰退期	人力资源需求量减少	供给过剩

实现人力资源供需平衡是人力资源规划的目的之一，无论人力资源需求预测还是人力资源供给预测都是为了实现未来一段时期的人力资源供需平衡。人力资源的供给趋于平衡的过程，是人力资源有效配置和流动的过程，也是检验人力资源规划具体实施的过程。只有尽力实现人力资源的供需平衡，企业才能提高人力资源使用效率，开源节流，降低人力资源成本。

实现企业的人力资源供需平衡就是要通过增员、减员、人员结构调整、人员培训等各种办法和途径，使人力资源供需失衡转为供需平衡的状态。

人力资源的供不应求、供过于求和结构失衡是人力资源规划中需要解决的人力资源失衡问题。根据这些人力资源供求不平衡的具体原因和特点，可采用不同的调整方法。

二、人力资源供不应求的调整方法

（一）人力资源的内部招聘

内部招聘是指当企业出现职务空缺时，从企业内部调整员工到该岗位，以弥补空缺的职位。内部招聘可以节约企业的招聘成本，丰富员工的工作，提高员工的工作兴趣。但对于比较复杂的工作，内部招聘的员工可能需要一段时间的培训。

（二）聘用临时工

聘用临时工是企业从外部招聘员工的一种特殊形式。聘用临时工可以减少企业的福利开支，而且临时工的用工形式比较灵活，企业在不需要员工的时候，可以随时与之解除劳动关系。企业产品季节性比较强或企业临时进行专项生产时采取临时招聘的方式比较合适。

（三）延长工作时间

延长工作时间也称加班制。在企业工作量临时增加时，可以考虑延长工人的工作时间。延长工作时间具备聘用临时工的优点，节约福利开支，减少招聘成本，而且可以保证工作质量。但长期延长工作时间会降低员工的工作质量，而且延长工作时间也受到政府政策法规的限制。

（四）内部晋升

当较高层次的职务出现空缺时，企业有内部晋升和外部招聘两种手段。企业一般优先考虑提拔企业内部员工。因为在许多企业里，内部晋升是员工职业生涯规划的重要内容，对员工有较大的激励作用。而且，内部员工比较了解企业的情况，与外部招聘人员相比能够更快地适应工作环境，能够提高工作效率，企业同时也就节省了外部招聘成本。但是如果企业缺乏生气，可以适当考虑从外部招聘人员，以增加企业内部活力。

（五）管理人员接替计划

管理人员接替计划的具体做法就是按照岗位接替模型，由人力资源部门对企业的每位管理人员进行详细调查，并确定哪些人有权利升迁至更高层次的位置。然后制定相应的企业岗位接替模型，列出企业重要管理岗位可以替换的人选。

（六）技能培训

对公司现有员工进行必要的技能培训，使之不仅能适应当前的工作，还能适应更高层次的工作。这样，就为内部晋升政策的有效实施提供了保障。如果即将进行经营转型，企业应该及时对员工进行新的工作知识和工作技能培训，以保证企业在转型后，原有的员工能够符合职务任职资格的要求。这一措施的最大好处是可以防止企业冗员现象的出现，保持人力资源队伍的稳定。

（七）扩大工作范围

当企业某类员工紧缺，在人才市场上又难以招聘到相应的员工时，可以通过修改职务说明书，扩大员工的工作范围或责任范围，从而达到增加企业工作量的目的。需要注意的是，扩大工作范围必须与提高待遇相对应，不然会使员工产生不满情绪，影响企业的生产活动。扩大工作范围可以与企业的业务流程重整结合使用，在调整过程中，利用先进的管理技术或操作技术在扩大员工的工作责任的同时减轻员工的工作量。

（八）提高技术水平

当市场工资上升时，企业可以考虑提高技术含量，以降低企业对人力资源的需求。采取各种激励措施，鼓励员工对自身工作岗位进行各种技术改革，提高岗位的技术含量，以解决人力资源的供不应求问题。当然，提高技术改革水平还需要与员工技术培训相结合。

（九）返聘

在企业急缺人员，或企业需要某些退休员工来支持时，可以考虑对退休或即将退休的员工进行返聘。

（十）外部招聘全日制员工

当企业生产工人或技术人员供不应求时，从外部招聘可以较快地得到熟练的员工，及时满足企业生产的需要。在调整关键岗位员工的时候，如果企业有内部调整、人员晋升等计划，则应该优先考虑启动这些计划，其次再考虑外部招聘。

三、人力资源供过于求的调整方法

在人员过剩的条件下，解决问题的办法有三种：重新安置、永久性裁员和降低人工成本。

（一）重新安置

重新安置用来解决企业内部局部出现的剩余人员问题。当某些岗位出现人员剩余，而另一些岗位却存在人员短缺现象时，就可以把剩余人员安置到需要人员的岗位上去。不过，重新安置的一个前提是剩余人员必须具有新工作岗位所需的技能和知识。因此，重新安置需要提早计划，培训在先。

（二）永久性裁员

永久性裁员是解决人员过剩的另一种办法。但是，需要注意的是，即使在西方市场经济国家，采取这种方法也是十分谨慎的，因为它不仅涉及员工本人及其家庭的利益，而且也会对整个社会产生影响。只有在企业经营出现严重亏损、生产难以为继或生产不可能恢复的情况下，才能采取这种办法。在裁员之前，企业应告知员工目前企业的经营状况，困难所在，并尽力为剩余人员寻找新的工作岗位。在企业内部确实无法安置的情况下，方可进行裁员。

（三）降低人工成本

降低人工成本包括暂时解雇、减少工作时间（如增加无薪假期）、工作分担和降低工资等。以上这些措施是西方市场经济国家企业通常采用的办法。这些办法的优点在于，当预测到企业出现人员过剩时，不是简单地将其裁掉，而是留有缓冲余地，让企业和员工共同分担困难。如果员工个人不愿维持工作不充分、低工资的现状，可以另谋高就，这就避免了将其立即推向社会，从而保障了员工的利益。

实际上，在制定人力资源平衡措施的过程中，不可能是单一的供不应求或供过于求，人力资源往往出现结构性失衡。可能是高层次人员供不应求，而低层次人员供过于求。企业应该根据具体情况，对供不应求和供过于求的员工采用相应的调整方法。制定出合理的人力资源规划，使各部门人力资源在数量和结构等方面达到协调平衡。这里有一点需要注意的是，如果企业不是缺乏生气，应以内部调整为主，把某类富余职工调整到需要人员的岗位上。如果企业组织比较僵化，应招聘一些外部员工，给企业带来一些新的生产技术和新的管理措施等，这时应以外部调整为主。

第五章 人力资源管理业务的规划

第一节　人力资源招聘与甄选规划

人力资源招聘与甄选规划是指在人力资源总体发展战略指导下，明晰人力资源招聘与甄选的目标，通过一定的渠道与手段，吸引、筛选人才，并在规划结束期后对该规划进行评估的系统性过程。具体的人力资源规划步骤包括招聘与甄选的目标、识别招聘需求、熟悉工作说明书、选择招聘渠道、招募信息的发放、选拔评价程序、入职体检、试用期考察、正式录用与劳动合同签订。

一、人力资源招聘与甄选目标

人力资源招聘与甄选就是组织采用一系列方法寻找和吸引应聘者，并从中选出组织需要的人员予以录用的过程。也就是说，人力资源招聘与甄选包括三个阶段：①招募阶段，此阶段是招聘信息的发放，是人力资源招聘与甄选能否成功的第一步；②筛选阶段，是对人力资源招募的候选人，通过一定的手段，甄别和选择出与组织空缺岗位相匹配的过程；③录用阶段，此阶段包括试用和正式录用阶段。

一般情况下，组织在三种情况下会进行招募：①组织初建之时；②组织业务拓展之时；③人员储备之时。为了保证招聘与选拔工作能够顺利进行，组织在进行招聘时需要在坚持公开招聘、平等原则、竞争原则、适才原则、择优原则和全面原则的基础上进行人力资源招聘与甄选工作。

二、人力资源招聘与甄选规划的步骤

人力资源招聘工作是一项系统性强、实践性强的工作，保证人力资源招聘与甄选工作完美落地，遵循的几个步骤包括识别招聘需求、熟悉工作说明书、招聘渠道与方法的选择、招募信息发放、甄别与选拔、人力资源招聘与甄选的评估等。

（一）识别招聘需求

识别招聘需求是组织人力资源招聘与甄选的首要工作，该工作主要包括以下三个内容。

1. 人力资源招聘需求的产生

产生招聘需求有四种情况：第一，人员离职；第二，人员调动；第三，业务量增加；第四，人员储备。

2. 对人力资源招聘需求进行判断

招聘需求明确以后，需要回答第二个问题，即是否必须通过招聘新人来解决？也就是说，组织目前空缺的岗位必须用招聘新人的手段来弥补吗？

3. 对人力资源招聘对象进行甄选

如果需要招聘新人，那么，组织需要再次提出：是否一定要招聘正式员工？招聘临时人员是否更合适？尤其是季节性的组织，如食品加工组织。

（二）熟悉工作说明书

工作说明书包括工作描述和工作规范，其中工作描述包括工作概况、工作职责、工作目的、工作条件和物理环境、社会环境、聘用条件等；工作规范具体说明从事某项工作的任职者所必须具备的教育背景、工作经验、生理要求和心理要求等。工作说明书是通过人力资源管理工作中的工作分析得来的，具体需要经历四个阶段，即准备阶段、调查阶段、分析阶段和完成阶段，完善的工作分析才能够获取工作说明书。工作说明书中的内容，尤其是工作规范部分详细地描述该工作岗位需要的人员素质等内容，因此，熟悉工作说明书是人力资源招聘与甄选工作的关键部分。

（三）招聘渠道与方法的选择

招聘渠道基本分为两种，即内部招聘和外部招聘。内部招聘渠道包括职位公告法、内部推荐法和人事档案法。组织选择招聘的优选是选择内部招聘。虽然内部招聘有一定的不足：容易产生"群体思维"现象，不利于创新；滋生组织中的"小帮派""小团体"，进而削弱组织效能。而其能够带来更多的优势：内部招聘可以节省时间和成本；内部招聘的员工相对更加可靠；内部招聘有助于提高效率；内部招聘有利于激励员工。

外部招聘渠道比较丰富，包括广告招募（杂志、报纸等）、人才招聘会、校园招聘、就业服务机构、网络招聘和推荐法（员工举荐、亲属推荐和自荐等）。外部招聘同样具有优劣势，其优势如下：可为组织带来新思路、新方法；有利于招到一流人才；有利于树立组织形象；外部招聘受现有组织人际关系的影响相对较小。而外部招聘的劣势是人才的获取成本高；外部招聘的人员可能出现"水土不服"的现象，不能适应该职务或无法融入组织文化之中；新员工需要较长时间的适应和调整；可能挫伤内部员工的上进心和士气。

（四）招募信息发放

招募信息又称为招聘信息，是组织空缺岗位所需要的人员身体情况、技能情况和智能情况的信息集合。为了组织最终能够为空缺岗位配备合适的人选，招募信息撰写、发放渠道等需要明确设定。作为人力资源招聘的重要环节，招募信息的准备与发放应该包括以下步骤：

第一，反复确认工作说明书的相关信息，了解空缺岗位人员的工作职责，工作人员具备的身体、技能和智能等，形成一份完善的招募信息。

第二，需要了解人力资源市场上组织所需人力资源的供应情况，包括人力资源的数量、质量和分布等情况。对人力资源相关情况进行了解，才能够有针对性地选择招募信息发放形式。

第三，选择招募信息的发布时间。一般情况下，招募信息的发布会结合招聘人员的情况进行选择时间，如果是校园招聘，一般会选择12月进行招聘信息的发布，可选择校园宣讲或者网络发布信息。

（五）甄别与选择

人力资源招聘与选拔的过程中，人力资源选拔工作是最烦琐、最系统的工作，主要包括确定组织人力资源选拔时间、选择甄选方法、简历筛选、笔试、面试、评价与总结。

第一，确定组织人力资源选拔时间。现在组织甄选人才时间大多数选择春季，这是国家相关政策、劳动力市场特点及相关产业特性决定的。

第二，选择甄选方法。通过简历筛选、笔试、面试、心理测试和测评中心等方法选拔人才。

第三，简历筛选。获取候选人资料的方式有两种形式：一种是应聘者自制简历；另一种是应聘者填写组织的应聘申请表。简历具有一定的优缺点，优点包括允许申请人强调他认为重要的东西、允许申请人用开放性的语言描述自己，有助于创新、点缀自己。简历存在的缺点如下：隐藏自己的不足和缺陷、标准化程度低。而应聘申请表虽然具有封闭式，限制创造性、制作和分发费用较贵的缺点，但是对组织筛选人员来说，应聘申请表更加直截了当、结构完整、限制了不必要的内容。

第四，笔试。比较客观地了解应聘者的知识技能和心理等情况。

第五，面试。进一步获得应聘者的其他非智力因素，以全面考察主要员工的状况。

第六，评价与总结。讨论并做出录用决定。

（六）资格审查

入职之后需要对申请者所提供的资料的真实性进行核验。

（七）入职体检

入职之后的体验是必不可少的环节，不仅是审核其是否具备工作的能力的必要要求，也是保证其他员工身体的需要。

（八）试用期考察

试用期的考察是对用人单位和职工的适应过程，一般来讲，在试用期内的解聘、离职都受到保护。

（九）正式录用与劳动合同签订

劳动合同是对劳动双方的保障，签订劳动合同应遵循自愿公平的原则。

三、人力资源招聘与甄选效果评估

对于组织来说，人力资源招聘与甄选的评估工作是必不可少的，此项工作是人力资源招聘与甄选工作不断完善的基础。一般而言，一个比较完善的评估体系具体包括四个方面：①基于招聘结果的评价指标，包括招聘的人员数量和空缺岗位比、及时性填补空缺的职位能力、组织的制度和员工的匹配度、空缺职位与员工的匹配度、组织文化与员工的匹配度；②基于招聘成本的评价指标，包括独立员工的招聘成本、招募成本、选拔成本、录用成本和安置成本；③基于新员工质量的评价指标，员工的道德素质水平、员工的组织协调能力、员工专业技术能力、员工解决问题和进行决策的能力、用人部门对员工表现的满意度、员工的流失率；④基于招聘渠道、方法的评价指标，包括招聘渠道的效度、招聘渠道的信度。

对人力资源招聘与选择的评估，并不需要很复杂的评估指标，具体需要结合组织实际情况进行选取。为了使人力资源招聘与甄选评估简单化，下面给出三种方法：①基于招聘成本的评估；②基于招聘数量的评估；③基于招聘方法的评估。

第一，基于招聘成本的评估指标。招聘成本评估是指对招聘中的费用进行调查、核实，并对照预算进行评价的过程。招聘成本评估是鉴定招聘效率的一个重要指标。如果成本低，录用人数越多，就意味着招聘效率越高，反之，如果成本高，录用人数越少，就意味着招聘效率低。

$$招聘单价 = 总经费 / 录用人数 \tag{5-1}$$

第二，基于招聘数量的评估指标。招聘工作有效性的另一个重要指标是对录用员工数量进行评估。通过对招聘数量进行评估，分析在数量上是否满足招聘需求，招聘数量评估主要从应聘比、聘用比和招聘完成比等几个方面进行考察。

$$录用比 = 录用人数 / 应聘人数 \times 100\% \tag{5-2}$$

录用比越小，录用者素质越高，反之，录用者素质可能低。

$$招聘完成比 = 招聘录用人数 / 计划招聘人数 \times 100\% \tag{5-3}$$

招聘完成比等于或大于100%，说明在数量上全面或超额完成招聘计划。

招聘完成时间是从岗位空缺到填补空缺时所用的时间，时间越短，表明招聘效果越好。

$$应聘比 = 应聘人数 / 计划招聘人数 \times 100\% \tag{5-4}$$

应聘比越大，说明发布招聘信息效果越好，同时说明被录用人员的素质可能越高。

$$聘用比 = 聘用人数 / 应聘人数 \times 100\% \tag{5-5}$$

该指标值越小，说明聘用者的素质较高；反之说明聘用者的素质较低。

$$聘用合格比 = 聘用人员胜任工作人数 / 实际聘用人数 \times 100\% \tag{5-6}$$

该指标的大小可以说明聘用的正确度，它是反映此次招聘有效性的绝对指标。

第三，基于招聘方法的评估指标。一是招聘方法的效度评估，可以采用四种方法，即预测效度、同测效度、内容效度和综合效度；二是招聘方法的信度评估法，可以采用四种方法，即重测信度、复本信度、内在一致性信度和评分者信度。

第二节　人力资源培训与开发规划

人力资源培训与开发是一种对每个成员、每个素质最大限度地促进、改进与提高，使他们有机会得到充分使用、发挥与发展的过程。近年来，随着新生代员工不断进入组织，并已然成为组织的主要力量。吸引新生代员工并不能一味地用金钱，越来越多的研究发现新生代员工对组织的培训与开发要求越来越高。人力资源培训与开发合理规划能够帮助组织获取与培养真正的人力资源。

所谓的人力资源培训与开发规划是指在组织人力资源整体战略指导下，结合组织的需要，采取一定的手段对组织各个层级的员工进行体能、技能和智能的提升与规划。人力资源培训与开发规划的内容包括培训与开发对象、培训与开发内容、培训与开发形式、培训与开发主体、培训与开发预算、培训与开发的评估。一个可持续发展的组织必定配备一个完善的、系统的人力资源培训与开发规划。

一、人力资源培训与开发的意义

（一）从组织角度认识员工培训与开发的意义

第一，培训与开发有助于提升组织竞争力。培训可以改善员工工作质量、降低工作损耗以及减少组织事故发生率；开发能够发现员工潜力，激发员工创新的欲望，不断提高组织开发与研制新产品的能力。所以，有效的员工培训与开发，会极大地增加组织的人力资源价值，提高组织的经济效益和市场竞争力。

第二，培训与开发有助于塑造良好的组织文化。组织对新员工的培训要注重灌输经营理念、工作伦理与群体规范等，以便建立共识、形成强势组织文化、培养员工的献身精神，从而激励员工为组织做出更多的贡献。

第三，培训与开发有助于增加组织外部吸引力。知识经济时代，组织对人才的竞争激烈。新生代员工日益成为组织的主力军，对于成长的时代和背景的不同，新生代员工对组织的关注度与新生代之前出生的人员不同，他们更加关注职业发展，因此，为新生代员工提供有竞争力的开发与培训项目，不仅能够留住组织的内部员工，还能够增加组织吸引人才的优势。

第四，培训与开发有助于适应组织战略目标的调整与转变。随着科学技术的发展，组织面对激烈的竞争态势，为了适应市场不断变化的需要，组织要不断进行战略目标的调整与转变。组织员工培训与开发工作可以有效地解决组织对人力资源的需求问题，即帮助员工掌握新知识、新技能、新观念以适应战略目标的需要。

（二）从员工个人角度认识培训与开发意义

从员工个人角色来说，对员工进行培训与开发可以实现三个目标。

第一，使新员工尽快进入角色。刚进入组织的员工，基于对一个群体的陌生感，容易存在内心排斥现象，这样不利于完成工作。而培训与开发则能够帮助员工更好地进入角色，更快速地了解其工作环境、团队成员和工作责任等。

第二，使员工具有更强的职业竞争力。对员工的培训与开发，提升员工的技能与人际关系的能力，可以帮助员工树立好的工作目标，更加明确其自身的优势与不足，从而明晰自身的发展方向，进而增加其职业能力。

第三，培训与开发能够提升员工的工作效率。提高员工的工作效率，通过培训，员工可以提高自己胜任工作的能力，同时帮助员工更好地完成分内的工作。

二、人力资源培训与开发规划的基本步骤

（一）明确培训需求

培训需求是整个培训与开发系统的开端，它的成功与否直接关系到培训的效果的优劣。培训需求评估的主要目的就是明确谁要培训，培训哪些内容。培训需求原因或者压力点来源于三个层面。①组织层面。在组织战略角度指导下，明晰组织未来的发展目标，如新技术引用、新产品研发和市场拓展等。②部门层面。在组织目标的指导下，把组织目标进行细分，可以明晰和把握目前部门现有人员素质是否能够与未来组织发展目标要求相匹配，如果匹配，则组织可以进行简单的组织文化培训工作、沟通技能提升培训等；如果不匹配，则要确认是哪个部门不具备实现组织目标具备的人力资源。③岗位层面。当部门明晰自身内部成员不具备完成组织目标的能力，如果研究发现，通过培训与开发可以提升现有人员的能力，以满足组织目标实现，则要明确培训内容。

（二）确定培训内容

培训与开发的内容需要结合培训对象进行界定，培训内容是服务于培训对象的，那么，结合组织内部成员的一般构成情况，培训内容可以分为三个层次。

一是新员工培训。新员工培训主要是为了让员工更快速地融入组织，培训内容基本与组织概况、工作的基本背景相关，如新员工进入角色培训、组织文化培训、业务技术培训、岗位技能培训和解决问题能力培训。

二是普通员工培训。普通员工培训形式比较多样，一般可分为在职培训与脱产培训，主要的培训内容包括组织文化培训、工作能力提升和岗位轮换培训等。

三是管理人员培训。管理人员培训内容按照管理工作的类型，大概包括计划能力培训、组织能力培训、领导能力培训和控制能力培训。

（三）选择培训主体

培训机构的选择包括两类：一是组织外部的培训机构，如大学、专门的培训组织及跨组织间的合作；二是组织内部的培训机构，如培训部门、组织内部的大学和人力资源部门等。

1. 培训内部自主化

第一，配备专门职业培训师。例如，太阳雨太阳能的人力资源管理部门配有专业的培训师。组织自己拥有培训师，不仅更加明确组织的培训需求和培训内容，还能降低培训成本。

第二，组织大学。组织大学又称为企业大学或公司大学，随着组织参与全球化竞争的市场环境和学习力竞争日渐加剧，组织的发展战略与竞争战略要求组织成立专门的服务于组织战略的开发机构。组织大学是组织长期化发展的需要；组织大学在组织转型及组织变革中的重要作用；组织大学能够满足组织对新技术、新产品提升的需求；组织大学能够更好地树立和丰富品牌形象；组织大学能够有效地传播组织文化；组织大学能够强化组织战略贯彻和内部沟通能力；组织大学能够加强和巩固组织的战略联盟。

2. 培训与开发实现外部化

培训与开发外部化在两种情况下会进行选择。

一是组织内部不具备能够满足现有人力资源培训与开发的培训师，也就是说，自身不能对内部员工进行培训与开发工作，则需要选择培训与开发外部化。

二是组织虽然能够实现培训与开发的内部化，但是内部化的效益低于外部化，因此为了获取更低的费用、更好的管理、更佳的成本效益而自行选择培训与开发外部化。

近年来，人力资源外包和咨询组织越来越多，而国家对这些组织的准入门槛并未进行严格的控制，以至于出现了越来越多的外部和咨询组织，因此，甄别人力资源培训与开发的外包组织可以从六个方面入手，即培训教材、培训师、培训时间表、硬件设施、培训费用和相关经验。

（四）培训方法的选择

针对培训的对象和类型不同，培训方法包括以下几种。

1. 自我开发

第一，自我学习。自我学习是指对工作的体验，是对新知识、新技术、新技能、新思想、新行为和新资格的获得与发展等。

第二，自我申报。自我申报是员工对自己的工作内容和适应性进行自我分析与自我评价的过程，包括定期申报轮岗与能力开发的计划和申请。

2. 职业开发

职业开发主要通过职业活动本身提高与培养员工的开发形式。主要有工作专业化、工作轮换、工作丰富化、工作扩大化和实践锻炼法等形式。

3. 管理开发

管理开发就是一个组织有意识地提供给其管理者（或具有高度潜能的管理者）以学习、成长和变革的机会，以期获得这个组织发展所需要的核心管理人员，使他们能够具有有效管理组织所需的经验、态度和技能，从而实现组织发展的目标。

4. 组织开发

通过创设或控制一定的组织因素、组织行为，进行组织内人力资源管理的活动与形式。组织中对人力资源开发具有重大作用的因素包括组织性质、组织结构、组织文化和组织发展阶段等。

5. 环境开发

个人能力和条件与其所处的环境直接影响个人的工作绩效。如果一个人处于一种不利的环境之中，如专业不对口、人际关系恶劣、工资待遇不公平、领导作风专断、不尊重知识和人才等，则很难发挥聪明才智，也很难取得成绩。

6. 伦理开发

人力资源的伦理开发主要是通过提高劳动者的思想道德素质，培养其道德责任感，从而督促员工不断完成道德义务。这样，员工就能够忠于职守，在劳动中自觉调整和约束自己的行为，一丝不苟，精益求精地把工作做好。

（五）设计培训课程

培训课程的设计是培训计划中的一个重要组成部分，而培训课程的设定需要结合培训对象和培训内容具体来进行设定。培训课程设置最主要的是要实现能力与课程的转换，即立足于培训需求，明晰培训对象，最终确定培训内容。首先，按照被培训人员的层级，明晰其工作职责、工作能力，明确现有岗位工作人员与工作岗位要求的差距，最终形成培训的关键内容；其次，根据培训的关键内容，进行系统的梳理和分析，形成课程名称；最后，根据岗位的需求，对培训课程进行排序。

培训课程设置需要注意两点内容：第一，培训的课程内容必须涵盖工作岗位人员需要的所有能力项目和行为要点；第二，培训的课程内容设置要结合组织的具体情况，做到理论与实践的完美结合。

（六）培训与开发活动的保证和监控

其一，培训与开发实施的后勤保障。组织的培训与开发活动需要严格按照规划的内容进行，这就需要组织内外部人员相互培训与协调。那么，在培训与开发活动进行时，需要从两个方面进行把握，即软环境和硬环境的支持。硬环境是指培训所需要的设备、器材和场地等；软环境是指组织应为培训塑造一种非常融洽的氛围，能够得到组织高层管理人员的支持和受训人员的大力配合。

其二，培训实施过程中的控制和监督。在培训过程中，实施及时的培训控制和监督也是必不可少的。组织所处的环境在不断变化，市场中的顾客、供应商和零售商等随时都在改变，所以在培训过程中，为了使培训的效用发挥到最大，一定要对培训进行控制和监督，发现培训过程中出现的问题，及时纠正，以使培训按照预期顺利进行。

（七）人力资源培训与开发效果评估

菲利普斯认为培训效果评估是一个系统性的过程，用以决定培训方案的意义及价值，并对培训方案的未来使用情况做出决策。

1. 人力资源培训与开发的有效性内涵

培训有效性指的是组织和员工个人从培训中获得的收益。戈尔茨坦认为，培训有效性评估是指"系统地收集必要的描述性和判断性信息，以帮助做出选择、使用和修改培训项目的决策"。培训有效性评估是收集用于决定培训是否有效的结果信息，并帮助对培训项目进行进一步改进的过程。

2. 人力资源培训与开发有效性评估的两类形式

第一，过程评估（Formative Evaluation）。过程评估指的是为了改进培训过程所做的评估。收集的往往是定性的资料，如学员的意见、感觉和信念等。

第二，综合评估（Summative Evaluation）。综合评估指的是评估学员在培训后的变化程度，往往会收集定量的数据。

3. 人力资源培训与开发的效果评估模型

纵观以往人力资源培训与开发的研究成果，人力资源培训与开发系统研究成果较多，总结如下：柯克帕特里克模型、阿里哲（Alliger）和吉纳克（Janak）对柯克帕特里克的改进模型、考夫曼（Kaufman）的五层次模型、飞利浦的五层次模型、汗布林的五层次模型、CIRO 模型、CIPP 模型、刘建华的五维度模型。而实践中比较常用的是以下三种。

（1）柯克帕特里克模型

柯克帕特里克提出的四个层次评估模型是培训开发效果评估领域中影响最为广泛、最为有名的评估方法。该方法反映培训开发效果的内容分别为反应、学习、行为和结果四个方面，也就是所谓的四个层次。柯克帕特里克确定的四个层次如下。

第一个层次，评估的是受训员工的反应。受训员工参加培训后会对培训项目、培训师和培训环境等形成自己的一些感受等反应，他们的这些反应可以作为评估培训效果的根据。

第二个层次，评估的是受训员工的学习，是指在培训开发结束后对受训员工进行考试，根据笔试情况反映他们在培训开发中对学到的知识和技能的掌握程度。受训员工在培训中所学知识和掌握技能的程度，是评估培训开发效果的重要标准。

第三个层次，评估的是受训员工的行为，是在他们参加培训开发之后，看看他们的工作行为是否有所改变，也就是他们是否在实际的工作中运用了培训开发中学到的知识和技能。受训员工参加培训后工作行为有了一定程度的改变，在工作中积极运用在培训开发中所学的知识和技能，能够真实地反映培训开发的效果。

第四个层次，评估的是培训开发的结果，用来反映培训开发是否对组织的绩效有所贡献。

（2）考夫曼的五个层次模型

考夫曼认为，组织的培训开发除了会给该组织带来影响之外，也会给到组织所在的社会环境和组织的客户带来影响，进而通过它们的作用给组织带来好处。因此考夫曼认为在柯氏评估模型中需要加上社会效益的评估，也就是第五个层次。同时，考夫曼也丰富了第一个层次。考夫曼的五个层次模型注意到了评估利益相关者的收益，也有些体现了组织对于社会的责任。

(3) 刘建华的五纬度评估模型

刘建华的五纬度模型是对柯克帕特里克四层次模型的改进，并且更加适合中国国情。其提出了五纬度评估方式：第一，反映评估，该纬度是评估受训者对培训的主观感受和看法，包括对培训内容、方法、形式、培训师和设施的满意度等；第二，投资收益评估，该纬度是计算培训结果的投资回报率，确定或比较组织进行培训与开发的成本收益；第三，学习评估，该纬度测定受训者学习获得程度，在知识、技能和态度方面是否有所提高；第四，行为评估，该纬度评价培训与开发是否为受训者带来行为上的改变，以及受训者把所学运用到工作上的程度；第五，结果评估，该纬度是评估受训者的工作行为改变对其所服务的组织或部门绩效的影响。

第三节　人力资源薪酬福利规划

与人力资源招聘与甄选、培训与开发工作同等重要的工作——人力资源薪酬与福利，一直都是组织关注的焦点。薪酬是组织提供劳动、履行职责并完成任务后所获得的酬劳或回报，用以吸引、激励和保留员工。然而，组织为了让薪酬更加合理，更加能反映员工的工作业绩，不惜将薪酬结构和薪酬体系制定得非常复杂和烦琐（并且还有继续复杂下去的趋势）。实际上，过于复杂的薪酬体系与过于简单的薪酬体系一样会降低薪酬的激励作用。因此，在制定人力资源薪酬与福利规划时，要结合组织的实际情况，根据组织人力资源总体发展战略，为不同层次人员要配备相应的基本工资、绩效工资、奖金及福利政策等。人力资源薪酬与福利规划的具体内容包括市场薪酬的调查、岗位评价、薪酬结构设计、薪酬预算、薪酬的调整与反馈。

一、市场薪酬的调查

组织可以采用委托调查的方法、公开信息的方法、调查法、问卷调查法等对市场的薪酬进行调查，具体的调查步骤如下。

（一）确定薪酬调查范围

第一，组织中最难招聘和最难留住的员工岗位是哪些？

第二，员工不满意的地方主要集中在哪里？

第三，哪些地方存在严重的质量和生产效率问题？

第四，哪些岗位的市场平均工资率与本组织的相同或比类似岗位的工资高？

第五，劳动力市场上哪些岗位的竞争力最激烈？

（二）确定被调查的组织

一般来说，可供选择为五类：第一，同行业同类型的组织；第二，与其他行业中有类似岗位或工作的组织；第三，与本组织雇用同一类型的劳动力，可构成人力资源竞争对象的组织；第四，与本组织在同一地域范围内竞争员工的组织；第五，经营策略、信誉、报酬水平和工作环境均合乎一般标准的组织。

（三）确定调查组织需要调查的岗位

在确定调查岗位时，应遵循可比性原则，即在选择调查岗位时，应选择其工作责权、工作内容与本组织需要调查岗位责权具有可比性的。调查时，选择组织主要岗位调查，其他岗位按照与主要工作岗位的相对价值来判断。

二、岗位评价

人力资源薪酬与福利规划的第二个步骤需要对组织的岗位进行评价与定级，评价出各个岗位的价值，才能制定出相对公平的薪酬体系。岗位评价是在工作分析的基础上，按照一定的客观衡量标准，对岗位的工作任务、繁简难易程度、责任大小和所需资格条件等方面进行系统评比与估价。也就是说，岗位评价是对组织各类岗位的相对价值进行衡量的过程。之所以要进行岗位评价，是因为岗位评价能够帮助组织达到四个目标：①对工作进行科学的定量测评，以量值表现岗位特征；②使性质相同或相近的岗位有统一的评判和估价标准，便于比较岗位间价值的高低；③为组织岗位等级的明确奠定基础；④为建立公平合理的工资和奖励制度提供科学的依据。

岗位评价也是一项系统而全面的工作，具体包括九个步骤：①按工作性质将组织的全部岗位分类；②收集有关岗位的各种信息；③制订具体的工作计划，确定详细的实施方案；④以资料为基础，找出与岗位有直接联系、密切相关的各种主要因素；⑤规定统一衡量标准，设计各种问卷和表格；⑥以几个重点单位作为试点，以发现问题、总结经验、及时纠正；⑦全面实施，即包括岗位测定、资料整理汇总、数据处理分析等；⑧撰写各个岗位的评价报告书，提供给各有关部门；⑨对岗位评价工作进行总结与反馈。

越来越多的方法被用于进行岗位评价，而常用的方法包括四类：①序列法，是指由评价人员凭着自己的判断，根据岗位相对价值按高低次序进行排列；②分类法，是序列法的改进方法；③评分法，也称点数法，该法首先是选定岗位的主要影响因素，并采用一定点数（分值）表示每一因素，其次按预先规定的衡量标准，对现有岗位的各个因素逐一评比、估价，求得点数，经过加权求和，最后得到各个岗位的总点数；④因素比较法，是指比较常用的方法，是指首先选定岗位的主要影响因素，其次将工资额合理分解，使之与各影响因素相匹配，最后根据工资数额的多寡决定岗位的高低。

三、薪酬结构设计

薪酬结构设计需要根据组织的发展情况来设定，当组织刚刚建立时，组织处于发展期，收入比较低，因此对初期吸引员工的人员组织来说，需要配备高额奖金。当组织处于成熟时期，组织发展较稳定，对人员的吸引力并不仅仅是薪资，因此，可以配备竞争力的基本工资和短期奖金及福利待遇。国内学者方振邦和陈建辉通过对组织生命周期的解读，为不同的生命周期设置不同的薪酬体系。

在进行薪酬设计之前必须评价所有的岗位，而岗位评价的前提就是岗位分析，因此，工作分析与评价是薪酬管理，特别是内部薪酬结构得以合理设计和顺利实施的前提条件。对于一个完整的薪酬体系来说，有效的工作分析是其中必不可少的组成部分。薪酬管理需要工作分析为管理者制定薪酬策略、设计薪资结构、确定薪酬水平提供与工作相关的理论基础和实践指导：首先要明确工作分工后各个员工的职责和相互关系；其次是基于内部公平原则设计员工的工资和福利。

在工作分析与评价基础上确定的薪酬等级，可以反映基于职务的组织内部公平的原则，但最终员工薪酬方案的制定还需考虑员工的具体贡献和薪酬外部竞争力，这就需要进行绩效考评和市场薪资状况调查。薪酬结构的设计是薪酬管理中的主体部分，组织提供公平合理、具有竞争力的薪酬结构，可以影响员工的工作态度和工作行为，从而吸引人才、激励人才、留住人才，实现组织的目标。

四、薪酬预算与管理

薪酬预算是组织运营的重要组成部分，薪酬预算的目的是确保组织财务支出的可调整性和可控制性。薪酬预算最关键的是确保组织人工总成本不超出组织的承受能力，所以要在四个原则指导下制定薪酬预算：①调薪与人力成本控制的平衡；②员工个人工资增长机制；③组织经营指标与人力成本的平衡；④人事费用率等指标平稳和可控，充分把握组织的财务状况、员工激励性、组织薪酬状况、环境等。

（一）薪酬预算需要考虑的因素

1. 内部环境分析

内部环境分析是指对组织薪酬支付能力、薪酬策略、薪酬结构、人力资源流动情况、招聘计划、晋升计划和薪酬满意度等人力资源政策各方面的了解，包括组织支付能力、薪酬策略、薪酬结构、人力资源流动情况、招聘计划、晋升计划和薪酬满意度（员工对薪酬的满意程度，对薪酬的哪些方面最不满意）。

2. 外部环境分析

外部环境分析主要是针对市场情况、市场薪酬水平、市场薪酬变化趋势、标杆组织或竞争对手的薪酬支付水平等方面的了解，包括市场情况、市场薪酬水平、市场薪酬变化趋势、标杆组织或竞争对手的薪酬支付水平。

（二）薪酬预算的步骤

薪酬预算的步骤如下：①确定组织战略目标和经营计划；②分析组织支付能力，衡量组织支付能力的指标有三种，即劳动分配率、人事费用率和薪酬利润率；③确定组织薪酬策略；④诊断薪酬问题；⑤分析人员流动情况；⑥确定薪酬调整总额以及整体调整幅度；⑦将薪酬调整总额分配到员工；⑧根据市场薪酬水平确定员工薪酬水平；⑨反复测算，最终确定。

第四节　人力资源职业生涯规划

越来越多的研究证明，相较于薪酬福利、办公环境等，新生代更加关注的是组织的职业发展，职业发展能够让个体明晰发展方向、发展路径，有助于其理想的实现。职业发展又称职业计划、职业生涯，是指一个人一生中职业、职位的变迁及工作、理想的实现过程。对于组织来讲，系统的规划与设计是保证可持续发展的前提，人力资源职业发展规划的系统性设计是保证组织获取人才、留住人才的基础工作。人力资源职业发展规划是指在组织人力资源总体战略的指导下，明晰组织个体的发展方向，引导或指导个体根据实际能力、兴趣、个性和可能的机会制订职业发展计划，从而组织可系统安排内部员工职业发展的规划。

一、职业与职业生涯概述

（一）职业

职业是参与社会分工，利用专门的知识和技能，为社会创造物质财富和精神财富，获取合理报酬作为物质生活来源，并满足精神需求的工作。例如，教师、工程师、工人、农民等都是职业。

职业是人类社会分工的结果，随着人类社会分工越来越复杂，职业的类别和内部构成、外部关系也越来越丰富。从一般意义上讲，职业具有以下三个特征：第一，社会性，职业是为社会所需要的，职业是劳动者进行的社会生产劳动，劳动者参与社会分工；第二，经济性，劳动者要从他从事的职业中获取经济收入，并以此作为他的物质生活来源；第三，连续性，一般来说，劳动者连续地从事某种社会工作，或者从事该项工作相对稳定，才能称为职业。

由此可见，职业对劳动者来说，重要性是不言而喻的，这就要求劳动者个人要与职业相适应，就是说个人能力、特性要与职业的要求相协调。

（二）职业生涯

简单地说，一个人从职业学习开始到职业劳动最后结束，这一生的职业工作经历过程，就是职业生涯。

职业生涯的概念有广义和狭义两种解释。狭义的职业生涯限定于直接从事职业工作的这段生命时光，上限始于任职之前的职业学习和培训。广义的职业生涯是从职业能力的获得、职业兴趣的培养、选择职业、就职直至最后完全退出职业劳动的过程。尽管考察职业生涯的角度不同，但是，职业生涯有其基本的含义：第一，职业生涯是个体的行为经历，而非群体或组织的行为经历；第二，职业生涯是一个人一生之中的工作任职经历或历程；第三，职业生涯是个时间概念，指职业生涯期；第四，职业生涯是个动态的概念，不仅表示职业工作时间的长短，而且内含着职业发展、变更的经历过程，包括从事何种职业、职业发展的阶段、由一种职业向另一种职业转换等内容。

综上所述，职业生涯就是指一个人一生从事职业的全部历程。这整个历程可以是间断的，也可以是连续的，它包含一个人所有的工作、职业、职位的外在变更和工作态度、体验的内在变更。

二、员工职业发展规划的意义

（一）对组织来说

第一，职业发展规划帮助组织合理配置资源。完善的职业发展规划让组织清晰地把每个员工放在合适的位置上，能够较好地整合人力资源，很好地发挥每个人知识能力的作用，以为组织发展提供相应的资源。

第二，职业发展规划能够提升组织的外部吸引力。越来越多的实践证明，新生代群体更加希望组织给予清晰的发展路径、明确的工作职责，让新生代员工更好地适应组织发展，看到自己与组织的一体性。因此，职业发展不仅能够留住员工，还能够吸引更优秀的人才。

第三，职业发展规划是组织发展长盛不衰的组织保证。组织存在的首要目的是获取利益，实现利益最大化，然而，只有实现经济效益才能够保证组织的可持续发展。而组织得以高绩效的实现，人才引入很重要，而人才的合理使用则更加重要。职业发展能够保证组织合理地留住人才，并合理地发挥这些人才的作用，进而实现组织长久不衰的发展。

（二）对员工来说

第一，有助于他们准确地进行职业定位。职业发展制定与规划能够让员工明晰其在组织中的横向、纵向晋升渠道，即让员工对其发展有清晰的定位，明确的发展方向能够让员工更好地完成现有的工作任务。

第二，有助于他们充分挖掘自己的资源优势。职业发展的制定对于员工来讲，可以充分让其认识自身的潜能、自身的优势，并能够学会运用这些资源和优势来完成工作任务。

第三，有助于他们充分探索并发现有潜力的职业机会。通过职业发展，员工会不断地进行知识获取与资源整合，可能会让员工有新的职业发展路径，丰富员工的工作内容，提升员工的工作积极性。

三、员工职业发展通道

一般说来，职业发展通道分为纵向职业发展通道、横向职业发展通道和网状职业发展通道。

（一）纵向职业发展通道

纵向职业发展通道是一种单一的发展通道，它认为当前的工作是下一个较高层次工作的必要准备，员工必须一级一级地进行职位变动。通常的表现形式为晋升或降职，员工薪酬、权利等对资源的掌控也会随之发生变化，如由部门主管升到部门经理。

纵向职业发展通道是职能型组织中最常用的职业发展形式，它支撑了整个职业通道的主体框架。然而，组织中基于岗位纵向发展的通道毕竟是有限的，组织还可以设计基于能力或者职称的纵向发展通道。

（二）横向职业发展通道

横向职业发展通道是指跨越职能边界的平行运动方式，它是对纵向职业通道的辅助与补充，往往是在更高职位稀缺或培养员工综合能力时采用。由于组织金字塔形的职位结构和个人素质能力的区别，不可能所有员工都能够晋升，所以可以采用横向职业发展的方式，如高校中行政人员由教学办公室职员向学办办公室职员调动。例如，某大型公司的人力资源管理部，通过人力资源员工横移实现了员工的横向培训。然而，这种轮岗或调换，需要保证转换岗位之间的衔接性和时间性。这种职能部门或不同单位间的平行运动，使个人积累更多的技能与经历，提高素质能力，为成为高级技术专家或向更高层管理岗位发展打下良好的基础。

（三）网状职业发展通道

网状职业发展通道是以上两种通道的相互结合。网状职业发展通道一般在晋升到上一层次前需要拓宽本层次的经历时使用，该模式更形象地展现了员工在组织中的发展机会和成长历程。它为员工（尤其是组织专业技术人员）的职业发展设计了精细的发展通道，但由于过于复杂，实际中需要花费大量的人力物力，难以管理和维护，看似科学、全面，实际上却难以操作，所以职业发展通道宽度应控制在有限范围内。

四、员工职业发展规划步骤

（一）设立职业生涯指导小组，明晰职业生涯规划目标

在组织中，做好个体职业发展工作是一个庞大而系统的工程，前期需要做好七项准备工作：①以已有的工作为基础，确立人生目标，并与组织的规划紧密结合；②突破自我局限，塑造新的自我，努力实现奋斗目标；③合理评估个人目标和现状的差距，在组织的文化氛围中寻找自己的成长空间；④利用组织资源，准确定位个人职业发展方向；⑤发现新的职业机遇；⑥不断学习，增强职业竞争力；⑦将社会、个人、事业与家庭联系起来。职

业生涯目标要具体明确、高低适度、留有余地，并与组织目标相一致。

（二）拟定职业角色及其任务

职业发展过程中，个体会经历不同的阶段，面临不同的角色，而这种角色扮演必定要承担相应的工作任务。比较典型的是六阶段划分法，即对不同发展阶段承担的角色与心理决策进行明确划分：

当个体还是学生时，主要扮演学习者的角色，主要的任务集中于培养学习兴趣，提升个体综合素质，这是为个体步入职场打下坚实基础的阶段。

当个体作为应聘者时，在拟定工作意向时，开始对有意向的工作和组织进行了解、认识和评估。

当个体进入组织中，会因为成为组织的一员而承担"同人"的角色，这时，个体需要寻求多方帮助，以更快地适应组织，并找准自己的位置。

当个体在组织中逐渐变得成熟，则会发生角色变化，这一时期可能会成为"指导者"，即训练、指导他人，以及加入管理小组咨询等。

当个体管理能力提升到一定程度时，可能会发展为"资助者"，即主要任务是辨明组织方向，善于分析问题，管理权力。

当个体随着年龄的增加，势必会扮演"退休者"的角色，这一时期，个体应该在职业生涯中以更加宽容的心态融入生活，进而要适应退休者的生活节奏。

（三）职业生涯规划制定方法

目前，组织的职业生涯规划方法包括个人制定和组织制定两种形式。

1. 个人制定

按照书籍制定。这种方式比较简单，个人可以结合目前出版的一系列关于职业生涯规划的书籍进行自我职业发展规划的制定和设置。个人制定的职业生涯规划存在一定的缺点，可能会因为对自身判断不够客观，而不能制定出完全符合自身的职业生涯规划。

2. 组织制定

（1）组织专业职业生涯导师。随着组织对个体发展关注度的提升，越来越大的组织开始关注员工的发展，并为新进员工设立科学的职业发展通道，为其配备相应的导师，亲自指导其职业道路的发展。组织内部配备职业导师，更加清晰地了解新进人员的情况，能够结合组织的实际情况为员工设立科学合理的发展通道。

（2）外部职业生涯规划师。对于不具备专业导师能力的或者组织没有足够能力帮助员工进行职业生涯规划的制定，组织可以选择把职业发展进行外包，以为员工设立清晰的发展通道。但是外部职业生涯导师，可能会基于对组织文化的了解不是很深刻，而不能够完全让个体与组织的发展相匹配。

（四）职业发展规划反馈与调整

组织职业发展规划是一个系统性过程，并且伴随着组织的可持续发展，组织的职业发展规划是长久性、循环性的工作，因此，为了更好地做好组织的职业发展规划工作，组织需要在职业发展规划一个阶段结束后，对其规划实施情况进行反馈，这一工作是下一时期职业发展规划更加完善的基础。具体的组织职业发展规划反馈和调整步骤包括四个方面。

首先，进行职业适宜性分析研究与评估。人力资源是具有能动性、可变性和社会性的，因此，在职业发展过程中，可能因为人际技能、管理技能等的变化，而出现与之前设定的职业路径大相径庭。因此，有必要对职业适宜性进行定期的判断。

其次，对员工的工作或职业生涯目标适当调整。当发现个体与职业发展路径不相匹配，可以引导或指导员工调整发展路径，从而进一步明确职业发展目标，避免因为职业目标不清晰，导致个体迷茫、焦虑而失去工作积极性，甚至离职。

再次，通过调整或培训获得良好的工作适应。如果在职业发展过程中，发现因为个体的知识、技能不足，而出现上升的瓶颈，组织也需要适时地进行指导和帮助，最有效的办法是提供可行的培训与开发，以提升个体的素质，帮助员工按照预期的职业发展通道顺利发展。

最后，使员工的职业生涯与家庭目标、组织发展目标趋向一致。一直以来，许多学者认为个体工作——家庭的平衡一直是一种难以调和的矛盾，事实上，工作与家庭的平衡需要从个体的自我管理入手，合理的自我管理，包括时间管理、工作管理和人际关系管理等，合理地进行自我管理是组织实现员工职业发展、家庭目标与组织目标相一致的必要通道。因此，组织需要定期与不定期地帮助员工学会自我管理，剔除不必要的、无效的工作时间，以实现高绩效，保证家庭与工作的平衡。

第六章 人力资源战略与规划的实践发展

第一节 人力资源战略与规划的评价

人力资源战略与规划的评价，一定要体现动态性的特点。评价人力资源战略与规划既是对前期人力资源工作的总结，同时对以后人力资源战略与规划的制定和实施也是十分必要的。

人力资源战略与规划的评价是通过对企业实施的人力资源战略与规划的内在基础的考察分析，将人力资源战略与规划的预期结果和实际的反馈结果进行比较、判断和分析的管理活动。

一、评价内容

评价是为了衡量人力资源战略与规划的目标是否实现，所以评价的内容就是与有关目标相对应的结果。一般而言，人力资源战略与规划评价的内容包括以下三个方面。

（一）人力资源战略与规划的制定基础

成功的人力资源战略与规划对企业的战略发展意义重大。环境的变更使得人力资源战略与规划从制定、实施到评价的周期越来越短，企业很难对人力资源的中长期战略与规划进行定位，短期的战略与规划也在不断地调整之中，这就给人力资源战略与规划的评价提出了更高的要求。评价人力资源战略与规划的制定，可从下列因素着手。

第一，形成人力资源战略与规划的过程是否经过了充分的论证，是否有具体客观的数据支持，对关键性的问题是否有考虑。

第二，是否充分、客观地评价与预测企业的内、外部环境。

第三，企业是否具备战略管理能力和人员、资金等资源保障。

第四，企业的战略目标是否人人知晓，企业战略的实施难度是否在预测之内。

第五，所有层次的管理人员能否有效、持续地贯彻战略与规划。

第六，组织的结构是否与人力资源战略与规划相互匹配。

第七，企业文化和人力资源战略与规划是否冲突。

第八，企业的评价、奖励和控制机制是否有效。

第九，人力资源战略与规划和总体战略的关联度。

第十，控制手段和意识能否达成统一或者协调性妥协。

（二）人力资源战略与规划的实施

由于不同企业的特征以及所面临的情况不同，在人力资源战略与规划的实施方面会有明显的企业特色，但需要评价的基本内容大致都包括以下几个方面。

第一，企业管理层对人力资源战略与规划的重视和利用程度。

第二，高层管理者是否按战略与规划把具体任务授予各部门。

第三，企业所有力量（单位、部门、员工、经理等）的努力目标是否一致。

第四，企业是否对实施人员进行了培训并使培训行之有效。

第五，对工作职责的具体规定和描述是否清楚。

第六，企业的信息沟通是否顺畅，解决问题是否高效。

第七，人力资源战略与规划的制定与实施人员对自身工作的熟悉和投入程度。

第八，人力资源战略与规划的目标是否达到。

第九，实际的员工流动率、缺勤率指标以及供求差距与预测相比是否一致。

第十，企业人力资源战略与规划的成本与收益状况。

（三）人力资源战略与规划的评价技术手段

由于信息技术等许多相关科学技术和方法的不断创新与发展，对传统和新兴的评价技术进行选择时，就要结合本企业的实际情况进行评价。既不要盲目地选择一些过于复杂而成本高昂的评价技术，又要防止由于评价技术不当而导致评价不准的情况出现。对评价技术自身需要评价的因素有：①人力资源战略与规划的评价技术是否适合企业的实际状况；②人力资源管理信息系统的实效性程度。

二、评价常用方法

人力资源战略与规划的评价方法非常丰富，既有定性也有定量的方法。定性方法比较传统，在实际的人力资源战略与规划工作中得到了广泛的运用。随着管理工作的进一步细化与集约化，采用定量方法来评价人力资源战略与规划的活动，既是人力资源管理工作日益具有战略性、功能不断增强、对组织的意义越来越深远背景下的必然要求，同时也是人力资源战略与规划工作目标实现的必要保证。

当然，评价方法应和评价内容相匹配。例如，如果评价内容是培训效果，就需要用培训效果评价工具；如果评价内容是定量指标，那就需要使用相应的定量评价工具。

（一）人力资源会计评价和调控法

人力资源会计评价法曾盛行于 20 世纪 60 年代末至 70 年代初，80 年代一度衰落，但最近这种方法又被人们重新采用。人力资源会计评价法是将员工视为企业资产，给出员工价值，采用标准会计原理去评价员工价值的变化。它是一个识别、评价人力资源并交流有关信息以实现有效管理的过程。人力资源被看成是企业的资产或投资。与其他资产评估不同的是，人力资产评价需要使用由行为科学提供的评价工具对员工的能力和价值进行计算。

（二）人力资源关键指标评价法

这种评价法是用一些测评组织绩效的关键量化指标来说明人力资源战略与规划的工作情况。这些关键指标包括求职雇佣、平等就业机会、雇员能力评估和开发、生涯发展、薪酬管理、福利待遇、工作环境、劳动关系以及总效用等。每一项关键指标均须给出可量化的若干指标，如企业在招聘时，各个岗位能够吸引的应聘人数与最终录用人数之比等。对人力资源战略与规划工作与组织绩效的关联性的研究与实证分析显示，两者有较高的相关度，人力资源战略与规划工作优秀的企业确实有良好的企业业绩。

（三）人力资源效用指数评价法

人力资源效用指数评价法是一种试图用一个衡量人力资源工作效用的综合指数来反映企业人力资源工作状况及其贡献度的评估方法。人力资源效用指数使用人力资源管理系统的大量数据来评估甄选、招聘、培训和留用等方面的人力资源管理工作，但由于其过分庞杂，加上指数与组织绩效之间的相关性仍不明确，不少研究者并不看好它，操作上过于复杂和关联性不强导致使用人力资源效用指数评价与控制人力资源战略与规划活动受到很大的局限。

（四）人力资源指数评价法

人力资源指数由薪酬制度、组织沟通、合作、组织环境等因素综合而成。人力资源指数不仅说明企业的人力资源绩效，而且反映企业的环境气氛状况，包括的内容比较丰富。在美国、日本、墨西哥，许多企业使用人力资源指数问卷进行调查，并在此基础上建立了地区标准和国际标准。有学者曾根据中国的实际情况，对人力资源指数进行重新设计，并在中国国内进行了大量的调查。调查结果显示，人力资源指数问卷的信度和效度均较高。

（五）投入产出分析评价法

将投入产出分析方法运用于人力资源管理评估，计算人力资源成本与收益之比，具有较高的信度。在企业个案研究中，投入产出分析是比较成功的。一般而言，人力资源项目的成本是可以计量的，但问题是项目收益的确认，尤其是无形收益的确认比较困难。投入产出分析在评估人力资源单一项目时是比较有效的，但在评估整个人力资源工作时则显得力不从心。

（六）人力资源调查问卷评价法

人力资源调查问卷评价法将员工态度与组织绩效联系起来，以实现对企业人力资源工作的评价。一般而言，员工态度与组织绩效之间存在正相关关系，虽然相关性的原因仍不清楚，但已有的一些研究表明：或者是好的组织气氛提高企业业绩，或者是成功企业的环境产生了良好的气氛。问卷调查方式经常用于进行人力资源战略与规划的评价，这种方式就是给职工一个机会来表达他们对人力资源部门的各种工作，包括人力资源战略与规划工作的看法。员工意见调查可以有效地用于诊断哪些方面存在着具体的问题，了解职工的需要和偏好，发现哪些方面的工作得到肯定，哪些方面被否定。除了常规性的问卷调查外，为了打消员工提出意见和建议的顾虑，企业也可以通过电子邮箱调查和按钮话机对话式调查的方法来了解员工的意见。

员工意见调查是一种专项调查，它着重了解员工对自己的工作和企业的感受及信念。这类调查事实上可以视为一个讲坛，使员工得以公开他们对工作、负责人、同事以及企业政策措施的看法。这种调查还可以成为企业改善生产力的一个起点。调查的频率应根据情况而定，目前，有些企业实行定期调查（如每年一次），有些企业则实行不定期调查。

（七）人力资源声誉评价法

有些专家为可以通过员工的主观感受来对企业人力资源战略与规划工作进行评估。员工的反映及企业人力资源工作的声誉对人力资源战略与规划的评价来说是比较重要的。但实证分析和研究发现，这种评价与控制和组织绩效之间的直接相关度不高。

（八）人力资源审计评价法

审计是客观地获取有关经济活动和事项的数据，通过评价弄清实际业绩与标准之间的符合程度，并将结果报知有关方面的过程。

与传统财务审计的综合特点类似，人力资源审计是评估人力资源战略与规划效率的综合性手段，它是对企业人力资源管理现状进行的一种正式考察。人力资源审计的目的，是通过充分开发和利用统计报告和研究数据来全面准确地评价人力资源管理工作到底落实得如何。

人力资源审计工作以管理层在人力资源管理方面所确定的各种目标为起点，由审计人员将人力资源管理工作的实际效果与各种原定目标进行比较。人力资源审计的目的，就是了解一个企业对人力资源战略与规划管理的重视程度和实际管理状况，并依此给予评价。在进行打分时，应先估计一下其他管理者和员工可能给予什么样的分数。得分总数情况可以作为改善企业人力资源管理的行动指南。

人力资源审计是传统审计的延伸，它通过采用、收集、汇总和分析较长时期内的深度数据来评价人力资源管理绩效。这种系统方法取代了过去的日常报告，经过调查、分析、比较，审计为人力资源工作提供基准以便人们发现问题，并采取措施提高效用。在人力资源审计中可综合使用访谈、调查和观察等方法。

（九）人力资源案例研究评价法

人力资源战略与规划案例研究近年来被广泛地引入到人力资源管理评估的实践中，成为一种低成本的评估方法。具体做法是通过对人力资源工作绩效的调查分析，与人力资源部门的顾客、计划制订者进行访谈，研究一些人力资源项目、政策的成功之处并将其报告给选定的听众。

（十）人力资源成本评价法

大多数管理者虽然意识到了工资和福利的总成本，但是没有认识到人力资源工作的改变会带来巨大的开销。评估人力资源绩效的一种方法是测算人力资源成本并将其与标准成本进行比较。普通的人力资源成本可包括每一雇员的培训成本、福利成本占总薪资成本的比重以及薪酬成本等。这种人力资源成本控制方法是对传统成本控制方法的拓展，在典型的成本控制表中可包括雇佣、培训和开发、薪酬、福利、公平雇佣、劳动关系、安全和健康、人力资源整体成本等。

（十一）人力资源竞争基准评价法

竞争基准方法也在人力资源部门中得到运用并被用来评估人力资源战略与规划工作。具体做法是先将人力资源工作的关键产出列出来，然后将此与同行业中的佼佼者进行比较，从而进行评估。用竞争基准方法进行人力资源战略与规划的评价与控制时，需要将本企业人力资源战略与规划工作情况与那些"表现最好"的企业的各项标准进行比较，它可以使人力资源部门的员工了解到，他们的工作业绩与其他企业相比到底处在什么样的水平。

运用竞争基准方法对人力资源战略与规划进行评价与控制，可以促进下列各方面的工作：第一，确认人力资源战略与规划的运作情况，进一步改进；第二，评估人力资源战略与规划政策和人力资源利用效果；第三，将人力资源战略与规划政策和人力资源利用效果与"最佳利用效果"进行比较；第四，设立人力资源利用目标，逐渐缩小目前利用状况与最佳利用状况之间的差距。

为了进行评估，必须制订计划，确立评价方法和了解最佳利用状态。在此基础上，再对存在差距的方面进行改进。

（十二）人力资源目标管理评价法

运用目标管理的基本原理，根据组织目标的要求，确立一系列的目标来评价人力资源工作。在这种方法中，关键是目标合理，可评估，有时效性，富有挑战性且又合乎实际，能被所有参与者理解。同时，目标又必须是达到高水平管理所要求的。当然，这些目标应尽可能量化，且必须与组织绩效相联系。

（十三）人力资源利润中心评价法

利润中心评估方法是当代管理理论和实践将人力资源部门视为能够带来收益的投资场所的体现。人力资源部门作为利润中心运作时，可对自己所提供的服务和计划项目收取费用，典型的人力资源服务项目有培训与开发项目、福利管理、招聘、安全和健康项目、调遣项目、薪资管理项目和避免工会纠纷等。

三、评价时的注意事项

无论采用何种方法对人力资源战略与规划进行评价，都应注意以下几点。

第一，必须建立综合、科学的人力资源管理的指标体系，选择适当的分项指标并赋予其合理的权重，使指标具有代表性、效度和信度。

第二，在完整的系统指标体系中，应将各种主观性指标与客观性指标有机结合起来。这种结合既可避免完全主观性因素的干扰，同时又能反映员工对人力资源战略与规划的实际满意度及各级利益相关者的评判情况，及时发现问题，纠正偏差，有针对性地进行政策调整。

第三，对人力资源战略与规划的评价不存在最佳和万能的方法。每种方法都有自身存在的价值和应用条件，实际结果往往是各种综合因素的集成效应。与实际工作本身、工作承担人员以及工作的相关性、可靠性、适应性、客观性、相应的成本等都有密切的联系。对人力资源战略与规划的评价是以目标为基础的，这就要求企业客观地对待每种评价方法。

第四，对人力资源战略与规划的评价应符合经济原则。评价产生的信息既不能太多，也不能太少，应该满足最低限度的要求。

第五，对人力资源战略与规划的评价所提供的信息必须及时而有意义。对人力资源战略与规划进行评价的关键在于，为企业的人力资源战略与规划的实践提供及时的、真正需要的、有价值的信息。

第六，对人力资源战略与规划的评价应有利于采取行动。评价输出的信息必须传递给企业中那些根据这些信息采取行动的人。如果仅仅是为了获得信息而需要提供报告，这样的报告通常毫无意义。

第七，人力资源战略与规划的工作绩效指标应与企业组织绩效紧密联系。这样可以更加直接地展示人力资源工作的贡献度，较为适应企业管理者和人力资源工作人员的需要。

当然，建立科学的人力资源管理评价体系是较为困难的。长期以来由于人力资源开发与管理工作滞后，特别是人力资源信息系统和其他企业绩效信息系统的落后，导致评价工作难以获得完整的人力资源和组织绩效信息，致使企业难以进行纵向和横向比较。但是，随着国家经济和社会生活的信息化和企业对人力资源管理的重视，企业能够在人力资源管理评价的自身发展中不断克服困难，达到预期目标。

第二节　人力资源战略与规划的控制

企业要适时、适地、适量地提供人力资源以满足组织和工作要求，这是最经济地使用人力资源的要求。企业的人力资源规划不是设计未来的发展趋势，而是顺应与尊重现实和未来的发展趋势，面对瞬息万变的信息和技术革新、纷繁复杂的市场需求，改变在管理上、经营上、应变和适应上的滞后现象。人力资源规划实施过程中，一些企业在人力资源开发与管理中，往往缺乏动态的人力资源规划控制的观念，它们把人力资源规划理解为静态地收集信息和相关的人事政策信息，无论在观念上还是实施上都有依赖以往规划的倾向，存在一劳永逸的思想。这是一种有害的错误观念，因为这种静态观念与动态的市场需求和人力资源自身发展的需求是极不适应的，会使人力资源得不到合理的利用，甚至严重地影响人力资源的稳定性，造成优秀人力资源的流失，对企业的发展壮大极为不利。因此，人力资源管理必须强调对人力资源规划的控制，并在实际工作中注意根据环境和要求的不断变化，灵活调整和完善企业的人力资源规划，这样才能保障人力资源规划的科学性、可行性和动态发展。

控制就是检查工作是否按预定的计划、标准和方法进行，发现有偏差就要分析原因并进行改进，以保证目标的实现。对人力资源战略与规划的控制过程，是针对企业所制定的人力资源战略与规划和实际贯彻执行的过程进行动态调节，纠正偏差，确保战略和规划有效实施和适用的过程。

一、人力资源战略与规划控制的必要性

由于在人力资源战略与规划实施过程中的不可控因素较多，因此，在人力资源战略与规划的实施中会出现各种各样的问题。对人力资源战略与规划的控制，可以为人力资源战略、人力资源战略规划和人力资源业务规划的修订或调整提供客观、准确的反馈信息；有助于纠正和调整在执行企业所制定的人力资源战略与规划中出现的偏差，确保人力资源战略与规划和企业发展战略相匹配，保证企业获得可持续发展。

（一）解决战略与规划制定中出现的问题

人力资源战略与规划和实施方案出现问题时，给人力资源发展所带来的影响是各不相同的。如果战略与规划不恰当，同时未能及时采取有效措施进行纠正，就会造成实施人力资源战略与规划的失败。而在实施方案中出现的问题，则有可能给人力资源战略与规划的正确实施带来困难，严重时会使人力资源战略与规划无法推进。

（二）适应人力资源系统外部环境和内部条件的重大变化

企业人力资源系统的外部环境通常包含企业经营战略、企业经营水平、技术开发能力、生产能力和社会人力资源系统。这些外部环境是企业人力资源战略与规划的依据，如

果这些外部环境发生重大变化，企业人力资源战略与规划就必须尽快调整，以适应环境变化的需要，否则只能导致企业人力资源战略与规划的实施失败。企业人力资源系统的内部条件主要是指企业人力资源系统的总量、结构和素质等。当这些条件发生变化时，也需要对企业人力资源战略与规划的实施计划进行调整，以满足人力资源战略与规划的需要。例如，在人力资源 5 年规划中需要某类人力资源数量达到 150 人，现有 100 人，每年需要培训 10 人。但是在培训计划实施 2 年以后，该类人员突然流失 30 人，这就需要对今后 3 年的培训计划进行调整，每年至少要培训 20 人，才能达到企业人力资源战略与规划要求的目标。

（三）防止人力资源战略与规划实施失调

企业人力资源战略与规划实施失调可能会发生在整个企业、某个部门或某一个环节中。当战略与规划实施失调时，如果不能及时解决，不仅可能造成战略与规划的局部失败，还有可能会造成战略与规划的全局失败。因此，对战略与规划实施过程中的失调必须及早加以解决。

二、人力资源战略与规划的控制原则

（一）客观性

在人力资源战略与规划的控制过程中，难免会有许多主观因素影响对工作的正确决断，进而延误具体计划的有效执行，影响组织的整个战略。因此，客观、公正的评价与实事求是的工作作风是最重要的控制原则。

（二）灵活性

我们常常说计划没有变化快。在实际开展人力资源战略与规划时，由于环境的突然变化，常常会出现计划的变动，这就需要在制定人力资源战略与规划时尽可能地设计多套应变方案，考虑各种可能，灵活处理可能出现的困难，以保证实现人力资源战略与规划的目标。

（三）经济性

人力资源战略与规划的控制必须保证在技术上、方法上、环境适应能力上以及经济上的可行性。如果监控的费用过高，就会给组织带来较重的经济负担。例如，不少高深的评价技术和控制手段对组织并不实用，且成本高昂，违背了控制的目的和初衷。

三、人力资源战略与规划的控制方式

（一）按控制时间分类

按控制时间的不同，可以将控制分为事前控制、事中控制和事后控制。

1. 事前控制

事前控制，是指在人力资源战略与规划实施之前就对战略与规划的可靠性和可行性进行检查、验证，预计战略与规划和实施方案在执行过程中所需要的各种条件和资源。在战略与规划实施前，就要对战略与规划的发展方向、发展轨迹和发展速度进行估计，并准备好各种控制方案。这是对人力资源战略与规划实施控制的最佳方式，但是这种方式，具体操作起来较为困难。这是因为我们不可能预先了解战略与规划实施过程中所有可能发生的情况，并且准备好所有可能的控制方案，如此就会给战略与规划的实施带来高额的控制成本。

2. 事中控制

事中控制，是指在战略与规划的实施过程中给予密切的关注并随时加以控制，这种控制方式成本适当，并且能够及时纠正战略与规划实施的偏差。

3. 事后控制

事后控制，是指在实施战略与规划的每一阶段以后对实施结果和计划目标进行对比分析，如果发现偏差，就要及时采取措施加以解决。这种控制方式的成本一般较低。但是在战略与规划实施发生较大偏差时，容易造成较大损失。

（二）按控制部位分类

按控制部位不同，可以将控制分为关键控制和全程控制。

关键控制，是指在对战略与规划实施控制的过程中，对战略与规划实施的关键时机、环节、人员、岗位、部门和资源进行控制。

全程控制，是指对人力资源战略与规划实施过程中的所有环节、人员、岗位、部门和资源进行全方位控制。

显然，关键控制的控制成本要低于全部控制的成本。

（二）按参与控制人员多寡分类

按参与控制人员的多寡，可以将控制分为全员控制和专业控制。

全员控制是指参与人力资源战略与规划的所有有关人员均参与控制，并且对所有战略与规划对象进行控制。

专业控制是指在战略与规划的实施过程中，只由人力资源管理部门中负责战略与规划实施的人员从事控制活动。

显然，全员控制的控制成本高，但是控制全面。专业控制的控制成本低，但是控制不全面、不及时，可能无法及时发现企业人力资源战略与规划实施过程中的不利因素，而导致战略与规划实施的困难，甚至失败。

四、人力资源战略与规划的控制过程

人力资源规划控制作为一个调节活动，整个过程应该包括六个步骤。

（一）明确控制目标

要对人力资源规划的实施过程进行控制，首先要明确控制目标。一般情况下，人力资源规划控制的目标与人力资源规划的发展目标是一致的，人力资源发展目标既是规划的奋斗目标，又是实施计划的工作目标，也是控制的目标，还应该是人力资源规划实施最终所达到的结果。同样地，这个目标也应该是一个体系，有总目标，还有分目标和具体目标。但是在设立控制目标的时候，有一个问题需要注意，就是只选择与人力资源规划相关的控制目标，还是设置与企业总体发展战略有关的控制目标。很显然，如果选择与人力资源发展战略有关的目标，能够直接对人力资源规划实施进行直接的有效的控制。但是选择这些控制目标往往并不能有效地反映人力资源规划实施的实际效果。因此，最好的控制目标能够反映人力资源规划所支持的企业总体发展战略目标。

（二）制定评价标准

人力资源规划评价标准是一个指标体系，制定的依据是目标、分目标和具体目标。在定性方面，根据战略管理理论，评价标准应包括六点内容：一是人力资源规划内容的各部分要具有统一性；二是人力资源规划与外部环境要保持平衡性；三是在规划实施过程中要注重评估其风险性；四是在规划时间上要保持相对稳定性；五是规划与资源要保持匹配性；六是规划在客观上要具有可行性和可操作性。在定量方面，评价标准应包括人力资源发展规模、密度、结构、速度、变动、效益等内容，还应包括人力资源工作条件、生活待遇、教育培训、配置组合等内容，以及人力资源发展与经济、社会发展协调程度等内容。人力资源规划控制的评价标准的确定要有可比性，在纵向上要与本企业历史上的有关资料相比，在横向上不但要与相关企业或直接的竞争对手相比，而且还要与国内外的先进企业相比。

（三）建立控制系统

要完成人力资源规划实施的控制，必须有一个完整的、可以及时反馈的、准确评价的和及时纠正的控制系统。该系统能够从规划实施的具体部门和个人那里获得规划实施状况的信息，并迅速地传递到规划实施管理控制部门。管理控制部门可以将从规划实施现场所反馈回来的实施结果与控制标准进行对比、评价；该系统还能够根据评价结果，在必要的情况下对实施中的问题进行及时纠正。

（四）衡量工作成果

通过控制系统把人力资源规划实施的信息收集起来，并进行处理，最后用控制目标来衡量。这一过程应达到以下要求，即提供的信息要及时、真实、准确、简单明了，过程要节约，方法要科学，要能反映发展的趋势，并有利于进一步采取行动措施。

（五）评估工作成绩

将人力资源规划实施的最后结果与控制标准进行比较，得出结论，找出问题。评估工作成绩的结果主要有三种。一是实施结果与控制标准一致，是规划实施的正常状态，无须采取纠正措施。二是实施结果超过控制标准，提前完成人力资源发展规划的任务。此时要注意该状态并不总是一个好的实施结果，由于人力资源规模、结构和素质的提高带给企业的不仅有人力资源使用的便利，还有人力资源成本的上升，因此，规划实施的管理控制部门此时必须认真分析提前完成人力资源发展规划目标的人力资源是否和企业经营状况相适应，是否出现人力资源的浪费现象。如果有此种情况发生，就必须采取适当的纠正偏差措施。三是规划实施结果低于控制标准，通常这种情况是一种不理想的结果，需要及时采取措施进行纠正。当然，在确定采取措施之前，必须对企业的人力资源发展规划进行评估，主要注意规划所设定的环境及企业战略发展需要是否继续存在。如果环境与战略需要已经不存在，对所采取的纠正措施就要慎之又慎。

对工作成绩的评估有两种方式：一种是预先评估；另一种是事后评估。为了达到控制的目的，预先评估被广泛使用。预先评估根据人力资源规划实施一个阶段的情况，推测其最后结果的情况，然后进行评估，最后决定是否采取调整措施。

（六）采取调整措施

通过对工作成绩的评估，如果有偏差，则要及时采取有力的调整措施加以纠正。调整措施包括：一是检查有关实施部门，责令限期改正，或帮助其改变工作方式，改进工作方法，提高工作效率；二是调整实施计划，尤其改进资源的优化配置，提高配置效益；三是及时改变企业的关键发展要素，是优势要充分发挥，是劣势要尽快克服，是威胁要尽量避免，是机会要紧紧抓住，充分利用；四是调整人力资源规划，这是在确定人力资源规划的目标无法实现，或战略道路不对头，或对策不正确之后所要果断采取的措施。

五、人力资源规划控制可能带来的负面影响

尽管人力资源规划控制对人力资源规划实施具有重要意义，但是我们还是应该看到，人力资源规划控制也有可能会带来一系列的负面影响。

如果企业过分重视控制活动，尤其是评估活动，不但无助于人力资源规划的实施，相反还会带来负面影响。这些负面影响主要包括以下几个方面。

第一，使人们只看到眼前利益，而忽视长远利益，产生短期行为。短期行为的结果使企业失去可持续发展的支撑，从而导致人力资源规划不能按时完成。

第二，使人们产生错觉，把控制活动当成规划实施的主要内容，甚至取代实施活动。控制活动搞得轰轰烈烈，而实质性的实施活动却变得冷冷清清。

第三，搞形式主义，把有限的非实质性的量化指标当成控制的要点。例如，一些企业以考勤为主要标准来评价一个人，而把能力、水平和工作绩效排到次要位置。

第四，过多过滥的评价和控制活动限制了管理者的视野，使管理者成了忙忙碌碌的事务主义者。

第五，占用大量的时间和精力，使具体的操作人员疲于奔命，负担加重，失去热情和责任心。

第六，为了对付上级，下级敷衍塞责，甚至弄虚作假，欺骗成风。

第七，由于过分强调评价和控制，致使一部分部门过分强调本部门的局部最优化，从而忽略全局的配合和效益，导致企业整体次优甚至不优。

要想避免和解决人力资源规划控制活动有可能带来的负面影响，就必须重申人力资源规划控制在人力资源规划中的地位，既不夸大也不贬低控制的作用，对控制活动的范围和数量要严加控制。首先，决策者无论何时何地都要有战略眼光，要抓住长远，抓住全局，抓住人力资源规划；其次，控制活动要有实际意义，要经济节约，要能反映真实情况，切

忌搞形式主义走过场；再次，控制活动要有利于调动有关人员的积极性，而不是压抑和窒息有关人员的积极性；最后，要把控制活动的结果及时转化为纠正调整措施，真正起到控制作用。

第三节　人力资源战略与规划的调整

在人力资源战略与规划的实施过程中，如果通过实施控制发现实施结果和实施控制目标有偏差，就要解决偏差问题。偏差问题的解决主要有两种方式：一是提供、完善实施战略与规划的条件，使战略与规划目标得以实现；二是如果无法做到这一点，就需要对战略与规划进行调整。调整就是通过对有关问题的解决，使人力资源战略与规划能够符合企业战略并能得到有效实施的过程。

一、人力资源战略与规划的调整内容

对人力资源战略与规划的调整主要包含两个方面：一是对战略与规划内容的调整；二是对战略与规划实施方案的调整。

（一）人力资源战略与规划内容的调整

如果人力资源战略与规划在执行中因外部环境因素和内部条件发生重大变化，或人力资源战略与规划的制定有问题，或人力资源战略与规划的实施出现明显失误，导致无法完成，就需要对战略与规划内容本身进行调整。在内容的调整中，可能要摒弃原有的战略与规划，重新制定；也有可能只需进行局部调整，即原战略与规划的基本框架不变，只对有问题的内容进行调整。前者的调整，实际上就是进行新一轮人力资源战略与规划的制定，一切工作从头开始。后者的调整则不需要制定新的人力资源战略与规划，只需解决所存在的局部问题即可。

在人力资源战略与规划的实施和总体调整中，为了保证调整的及时性和灵活性，可以对战略与规划进行滚动调整。所谓滚动调整是指将人力资源战略与规划分为几个执行期，当第一个执行期结束时，就按照执行的结果对以后执行期的战略与规划进行调整，并将原先的第二个执行期作为第一个执行期予以实施。按照战略与规划执行期进行战略与规划的执行和滚动调整，可以避免在战略与规划执行中，当战略与规划出现严重问题时才进行调整，导致因调整代价太大，甚至无法调整而被迫放弃。在进行滚动调整时，执行期可长可短，长者以 5 年为一个执行期，短者以 3 个月为一个执行期，一般以 1 年为一个执行期。

由于在滚动调整中第一个执行期是战略与规划的实际执行部分，其翔实程度应该达到可以具体操作的程度，其他执行期则是准备执行部分，可以相对粗糙些。在对战略与规划的滚动调整中，可以通过对战略与规划各个执行期的不断调整，使真正进入执行期的战略与规划与企业人力资源的内外部条件更加吻合，更加易于实现。

（二）人力资源战略与规划实施方案的调整

如果人力资源战略与规划的实施不力或实施中有偏差，就可能导致需要对战略与规划实施方案做出调整。而且，调整战略与规划实施方案的可能性要比调整内容本身的可能性大，因为在调整内容本身时，必然要对实施方案进行调整。而在战略与规划的实施过程中，有时并不需要对内容本身进行调整，只需要对实施方案进行调整就可以纠正实施中的问题。

人力资源战略与规划实施方案在执行中会发生各种各样的问题，有的问题可能会涉及人力资源战略与规划整体的成败，有的只涉及实施方案本身。人力资源战略与规划在调整之前，必须对所发生的问题进行全面的、深刻的分析，找出问题发生的原因，以及对战略与规划实施所产生的影响，然后才能确定是否对人力资源战略与规划进行内容本身的调整或是对实施方案进行调整。如果所发生的问题涉及战略与规划整体的成败，就需要分析是否需要对战略与规划进行整体调整；如果只涉及战略与规划的局部，或所发生问题解决后对战略与规划的整体并无影响，则只需要对实施方案进行调整即可。

二、人力资源战略与规划的调整方法

人力资源战略与规划的调整方法主要有四种：纠偏战略分析法、战略刺激法、纠正活动法和应急计划法。

（一）纠偏战略分析法

纠偏战略分析法是一种采用象限图对人力资源规划实施偏差进行战略分析的方法。横轴是实施过程中的要素变化，纵轴是偏差的程度，要素变化和偏差程度的作用结果形成四个象限，每个象限都是人力资源规划修订的具体战略选择。

（二）战略刺激法

人力资源规划本来是一个战略行为，但其实施的过程往往会出现短期行为。人们，尤其企业高层决策者，经常会陷入日常的事务堆里，不愿意也没有时间进行长远的战略性思考，他们最为关心的是眼前的目标，所以就会有意无意地忽视长远的目标或长远的利益。很多人只重视近期的或战术性的资本投入，而只是把长远的或战略性的资本投入挂在嘴上，或做做样子，不愿意采取实质性的行为。短期行为是人力资源规划实施的一个障碍，有可能导致企业的发展畸形或缺少后劲，以至于产生严重的后果。

解决这种短期行为的一个重要方法就是采用战略刺激法。战略刺激法就是制定具有战略性的，以克服短期行为为目的评价标准和奖励办法去克服短期行为。这种方法的大意是：对人力资源规划工作和实施者的评价标准和奖励制度，不但要与近期成绩直接挂钩，而且还要与长远的发展相联系；对具体的实施者不但要同时看其近期成绩和远期的后继能力，而且还要同时评价其本身的成绩和对整体规划的贡献。

（三）纠正活动法

纠正活动法实际上是指在人力资源规划实施过程中的一系列纠正偏差活动。运用纠正活动法主要完成四个方面的程序，即确定阶段目标、及时收集信息、找出问题原因和制定解决办法。

第一，要把人力资源规划的实施过程划分为若干阶段，并确定每个阶段的目标。这些阶段和目标之间都要互相联系又要互相区别。一旦发现问题，就要及时地在有关阶段解决问题，不留后患。

第二，要确保有关信息能及时、准确、完整地收集到。有关信息可以通过多种统计报表来收集，也可以通过调查来收集。深入现场调查实际情况是收集信息的一种好办法，可以及时发现问题，及时解决问题。

第三，要找出各种偏差的原因。要考虑评价方法科学不科学，实施管理有没有问题，实施目标的途径和方法合适不合适，战略选择妥当不妥当，目标定得高不高，企业的宗旨对不对等。

第四，根据出现偏差的原因制定出解决的具体办法。解决问题的办法要可靠有效，行动要迅速稳妥，以尽可能地减少偏差所带来的损失。

（四）应急计划法

无论再好的人力资源规划，在实施过程中总会碰到一些难以预测的突发事件，这就对人力资源发展形成了种种潜在威胁。制订备用的应急计划，这是人力资源规划控制的有力措施，也是纠正偏差的必备措施。当然，应急计划并不是整个中间计划和行动计划的备用计划，而是针对某些关键因素和关键环节有可能发生意外变化的临时的替换计划。一旦变化出现，就可以从容不迫、有条不紊地使用应急计划，使人力资源规划不致间断，继续实施下去。

因此，应急计划的制订应该是严肃的，其使用也应该是严肃的，切忌过多和滥用。应急计划的制订和使用应注意几个方面的内容：一是分析并找出企业的关键影响因素或有可能发生变化的因素，既要注意不利的方面，也要注意有利的方面；二是评价上述因素发生变化的范围、时间和可能产生的后果；三是有针对性地制订应急计划，应急计划要按照正式的计划来制订，要注意与整个现行人力资源规划方案和实施计划方案的衔接，保证人力资源规划的顺利进行；四是严格确定使用应急计划的条件，防止随意滥用；五是一旦发生变化需要使用应急计划，要加强对应急计划实施过程的监督控制，注意分析评价应急计划的实施效果，如果出现问题要及时处理。

三、人力资源战略与规划的注意事项

在对人力资源战略与规划进行调整时，人力资源管理者要明确以下几点。

第一，根据业务需要提出调整建议。人力资源战略与规划的产生源于企业战略，它的制定和执行都是为了实现企业战略，包括企业的经营战略和业务战略。如果企业的经营和业务战略发生改变，人力资源战略与规划也需要因之而动，也就是说，人力资源战略与规划的任何调整都源于企业业务发展的需要。也都要与业务发展的需要相适应。

第二，一般的调整程序为：业务变化—直线部门提出需求—修改人力资源业务规划、战略规划、人力资源战略—集团高层讨论、总裁批准。

第三，人力资源战略与规划的调整是动态的。虽然在制定人力资源战略与规划的过程中充分考察了人力资源的内外部环境，虽然对人力资源战略与规划进行调整有时会牵一发而动全身，但环境一直在变，人力资源战略与规划不可能也不应该一成不变。只要经过了充分的调查与论证，无论是人力资源战略与规划的实施方案，还是人力资源业务规划、战略规划以至于人力资源战略，即使是确定下来不久，也可以进行适当调整，以确保人员需求规划满足各部门人力资源需要，确保人员调整规划满足部门功能和业务发展需要，确保员工培训规划满足岗位技能发展需要，确保薪资福利规划具有内部平衡激励性与外部市场竞争性。而且，作为企业职能战略一部分的人力资源战略的改变也可能会影响到企业总体战略的制定，人力资源部门在对人力资源战略与规划进行调整的同时，也应该根据情况及时向企业高管提出相应的修改企业战略的建议。

第四，任何改变带来的影响不能失控。无论是对人力资源战略与规划的内容，还是对人力资源战略与规划的实施方案进行调整，都不可避免地会对各部门的工作带来直接、间接，或大或小的影响，有的影响可能是暂时的，有的影响可能是长远的。在做出调整之前，要对这些改变可能带来的影响做出评估。既要了解可能带来的有利影响，也要对可能引发的副作用做好各方面的充分准备，底线应是这些改变带来的影响是企业可以承受的。如目前由美国次贷危机引发的全球经济衰退给国内外众多企业带来了生存压力，此时需要对企业的人力资源战略与规划做出调整。企业是减员还是减薪？无论做出什么决定都需要对随之而来的影响了然于心，务必使一切改变均在掌控之中。

第四节　人力资源战略与规划的新发展

一、全球化对组织人力资源的挑战与战略选择

全球化是一个多元范畴的发展进程，在这个多元范畴中包含了经济全球化、生态全球化、文化全球化和政治全球化等方面。因此，整体上，可以把全球化理解为以下几点：①全球化是一个多维度过程；②全球化在理论上创造着一个单一的世界；③全球化是统一和多样并存的过程；④当前的全球化是一个不平衡发展过程，除了全球经济初见端倪之外，还没有出现全球政治体系、全球道德秩序或世界社会；⑤全球化是一个冲突的过程，国家、个人、各种各样的团体、组织及不同的文化都涉及进来；⑥全球化是一个观念更新和范式转变的过程。

在全球化的多元范畴中，尤以经济全球化最具代表性，甚至有些学者直接把全球化等同于经济全球化，也可以说，经济全球化带动和推动着全球各个领域或范畴的全球化。经济全球化，是指各国经济均被卷入世界市场，诸多生产要素在世界范围内优化配置，经济活动的诸多环节在世界范围内运作，各国经济相互依赖、密不可分，呈现出某种整体化、一体化趋势。其具体表现如下：全球生产、全球贸易、全球金融、跨国公司的重要作用和经济区域一体化趋势等在这场经济全球化的进程中，作为局中人，世界各国和各种组织都在经历一场基于经济发展的生存发展多方博弈，是各国和各种组织竞争力的较量。在这种竞争过程中，正如学者们所揭示的第二次世界大战后德国与日本经济增长之谜那样，尤以人力资源至关重要，归根结底，人力资源才是国家和组织竞争与发展的动力之源。与此同时，全球在促成全球人力资源竞争的同时，也使全球各国、各类组织之间产生了千丝万缕的联系，商业环境变得异常复杂，不确定性和易变性成为当今世界的代名词，不确定性和

易变性也进一步加剧了组织人力资源战略与规划的挑战。

在组织国际化和全球化进程中，人力资源或者促成组织成为全球化竞争中的冠军，或者成为组织全球化竞争中的阻碍。因此，人力资源将是组织全球化过程中面临的最大挑战。

（一）人力资源过程全球化与实践本地化的嵌套战略

面对全球化，从战略层面来说，组织既需要有全球宏观视野的人力资源战略政策方针，又要注重实践层面的地域、民族和国家的差异性，即人力资源战略实践的本地化。

首先，人力资源过程全球化的战略，即组织全球化跨国跨地域发展过程中，需要直接面对全球视域下的人才争夺竞争，以及组织全球范围内的人力资源整合与协同。如果说"全球化是在特定条件下思考问题的方式"，那么全球化组织人力资源战略的第一要务，就是要建立全球化的思维模式，这体现在组织人力资源系统的开放性和对文化差异的包容性上，以及全球协同性上，例如全球人力资源配置、全球领导力开发等。组织人力资源过程全球化战略，还体现在集团总部与全球范围内的子公司或事业部等，采取共同的人力资源哲学理念、政策方针、一体的人力资源系统和规范化的流程等。

其次，在人力资源战略实践层面上，要做到本地化，主要表现为心智模式转变基础上的文化匹配。如前所述，中国加入 WTO 以后，中国企业基本处于向西方学习管理理念和标杆管理实践的阶段，包括人力资源管理实践。然而，随着这些管理理念和模式的引入，近些年人们逐渐发现西方的管理理念和模式并不一定适合国内的组织。正如学者所提出的那样，西方关于高效人力资源管理的假设，在中国的经济情境下应用时将面临挑战。面对这些挑战，无论是中国企业走出去参与国际竞争，还是外资企业进入中国，如果想从战略层面在人力资源上取得竞争优势，需要学习所在国的心智和思维模式，进而达到文化匹配性（cultural fit）。例如，非洲国家的思维模式强调集体主义和群体团结，当地的领导和组织模式强调人性化、群体决策与互赖性等，这些思维模式与中国企业强调的儒家思想的家庭关系网/社会资本和凝聚力类似。但显然，非洲和中国的这些心智思维模式，与西方画家组织中强调的个人主义、竞争和对抗的思维模式是不同的。本地化的人力资源战略理念的实施措施，包括理解所在地市场、人际和社会网络模式、适用于当地的知识技能的开发、文化和语言以及管理与制度环境等。

总之，在当今时代，没有哪个组织能游离于全球化之外而免受全球的影响。在全球化竞争中，组织人力资源战略既要有全球化的战略思维模式，又要在人力资源战略实践中具有本地心智模式和文化的匹配性，达到战略层面与实践层面的嵌套契合性。

（二）全球化进程中组织人力资源战略实践

如前所述，全球化同时带来了商业环境的确定性和易变性。那么，在不确定性和易变性商业环境中，组织变革成为组织管理新常态，组织需要通过不断变化和调整，以应对内外部环境的迅速变化，因此，组织人力资源战略实践的灵活应变性变得至关重要。这将主要体现在以下几个方面。

1. 人力资源部门和专业人员的角色转变

组织对人力资源专家和专业能力的依赖性越来越强，组织人力资源专业人员由原来的职能人员变成专家型的组织业务伙伴，即人力资源业务伙伴和战略伙伴。这就要求，在经济全球化背景下，人力资源专家必须掌握管理竞争、适应复杂性、把握变化、在实践中学习、完善组织行为和以人为中心的管理的六种关键技能，所以，在全球化进程下，组织需要把人力资源转变为组织的战略伙伴，把人力资源专业人员转变为组织的业务伙伴。

2. 通过个体学习和强调自组织团队建设，提升组织灵活性和应变能力

需要建设和提升组织人力资源队伍的灵活敏捷性，可以从个体和团队两种路径实现。从个体层面来说，需要建设学习型组织文化，促成个体的学习习惯和行为，因为应对变化的唯一方法就是变化自身，而变化的本质是学习与创新。从团队层面来说，组织可以通过建立自我管理式团队，把大组织变成精巧灵活的小团队，建立灵活态的扁平化组织，消除机械化层级组织的惰性和低效率，提升组织的战略应变能力。

3. 多元化人才队伍的管理与整合

随着组织的全球化发展和人力资源本地化策略的实施，一个直接表现是人才队伍的多元化。因此，人才队伍多元化是全球化组织不可回避的一个挑战。面对人力资源的多元化，需要从个体和组织两个层面的人力资源策略调整。从个体层面来说，包括了个体认知和心智模式的转变。这需要组织成员改变自我中心的观念，秉持开放包容的思维模式，组织可以通过培训开发策略，培养和训练组织成员的跨文化敏感性。从组织层面来说，一方面是组织人力资源理念向文化多元性转变，另一方面是建立具有多元文化包容性和求同存异的组织文化，让多元化心智模式和思维模式转变为组织集体行动模式。

4. 全球经营管理人才及领导力开发

组织发展全球化，一个重要的方面是拥有具备全球思维模式和领导力的经营管理人才队伍。对于全球化经营管理人才的开发战略，可能的途径如下：①送出去，即选派合适的人选到国外公司工作；②引进来，即引进海外的人才到本企业工作；③返回来，即充分吸

引海外归国人员到企业工作；④移民，即充分吸引移民到企业工作；⑤与跨国公司间的合作联系，进行广泛的人才交流与信息、技术交流；⑥外脑借用，即通过网络信息技术，间接利用优秀经营管理人才；⑦标杆学习，即选派人员到国内外行业标杆组织，学习先进技术与管理经验。

因此，管理人员全球领导力开发，应是组织全球化发展中具有战略意义的议题。具体的举措包括为雇员提供广泛的机会和非传统的开发技术，如跨界或跨文化工作岗位任职或任务与项目团队实践、国际教育培训项目、通过灵活的关系网络的非正式途径等。

（三）通过雇主品牌建设，提升人力资源战略优势

经济发展全球化，导致了组织人力资源的全球化竞争，环境变得更加易变与不可预测，加强了对组织变革的要求。高速运转和变化的商业环境与工作场所，以及万物互联的社会网络，导致了员工，特别是知识型员工职业生涯的易变性与无边界性。因此，传统的带有强制性的基于劳动合同或契约的组织忠诚，已经越来越被基于员工心理契约的职业忠诚所替代。在注重职业忠诚的全球化竞争时代，战略性的人力资源吸引、使用保留和激励，需要新人力资源的策略和实践，其中之一是近年来越来越被组织重视的雇主品牌。一些领先企业的经验表明，创立并保持卓越的雇主品牌形象，已经成为组织获取人力资源竞争优势的战略选择。雇主品牌是在人力资源市场上享有良好知名度、美誉度和忠诚度的组织形象系统，不仅是组织与雇员之间建立的关系，还体现了组织为现有员工和潜在员工提供的工作经历，通常由人才形象、首席执行官形象、管理制度、组织文化环境和公民形象五个部分组成。它是以雇主为主体，以核心雇员为载体，以为雇员提供优质与特色服务为基础，旨在建立良好的雇主形象，从而起到会聚优秀人才、提高企业核心竞争力的一种人力资源战略性举措，雇主品牌的建设，具体可以从两个方面进行。

一是内部软环境（氛围）的建设和实践。雇主品牌是一种雇主允诺，内容是关于员工加入公司后能体验到的工作文化、环境和机会等，包括职业发展前景、自由/自主权、社会责任、领导力、团队合作、变革和重视结果等。

二是外部人力资源市场的定位。雇主品牌是雇主在人力资源市场上的定位，并与组织品牌保持一致。对外，在潜在雇员中树立卓越的组织和工作场所形象，激发和建立他们受雇于组织的意愿与行动；对内，则通过作为对员工的承诺，在现有员工心目中树立卓越形象和口碑，提升员工满意度和组织忠诚度。可以预见，全球化竞争时代，体现组织软实力的雇主品牌建设，将会是组织人力资源战略的不二选择。

二、网络与知识经济时代的人力资源战略与规划

（一）网络与知识经济时代的到来

进入 21 世纪之后，在计算机、全球互联网、移动互联网等信息技术的推动下，人类进入知识大爆炸时代，这意味着人类社会进入了知识经济时代。知识经济时代以知识传播、技术创新为根本，而信息技术则是知识经济的物质基础。因此，可以说网络与知识经济时代，具有信息网络化、经济全球化、资源知识化和管理人本化的特征。一方面，组织持续发展的动力，来源于知识型员工的知识创造与技术创新；另一方面，网络和信息技术有利于新知识的传播、学习与应用，进而将知识转化为生产力，转化为组织竞争优势。因此，进入 21 世纪以后，以技术创新、知识型员工的获取以及使用和保留，将成为组织之间竞争的关键。

与此同时，网络（全球互联网和移动互联网等）技术，改变了或正在改变着人与人、物与物、人与组织、人与物和人与世界的联结方式，进而改变了组织的结构形态。扁平化和网络化组织将是未来主流的结构形态，这种组织结构将具有开放包容性、动态适应性（即知识经济时代的到来），以及网络和信息技术在组织中的应用，组织结构将变得越来越扁平化、网络化与知识经济时代的这些特征，正在推动和颠覆着传统组织架构与理念、商业模式、组织发展的驱动力，进而影响组织人力资源战略选择与实践。

组织变得越来越扁平化，促成了平台型组织的出现，改变了组织内部、组织与外部信息传播的模式和速度，知识的传播与分享变得更加快速和便捷。

（二）网络与知识经济时代的组织人力资源战略与实践

1. 扁平化和平台型组织下的大平台及小组织的人力资源战略与实践

从 21 世纪开始，人类社会进入网络与知识经济时代，信息与科技贯穿企业和整个经营活动，扁平化的团队组织已经成为许多高科技企业的组织形态，且正在逐步替代传统纵向控制型的组织形态，而成为现代组织分工的主要形式。在这种扁平化平台型组织中，自我管理式团队将成为组织运行的主要形式，自我管理式团队倾向于自我指导，团队成员互相依赖，以完成某些富有挑战性的目标。在平台型组织结构和形态中，人力资源专业人员的职责之一，即组织中高层管理者组建高效团队调整人力资源战略和计划，指导员工改变行为以适应组织变化等。同时，在扁平化组织中，加上信息技术的运用，组织与员工之间变得更加透明，组织需要越来越重视员工的自主性和参与意识，因此，在扁平化和平台型

组织中，组织要给予员工充分的信任和自主性，采用参与式的人力资源战略。这意味着，在互联时代，组织需要建立基于价值共享的新范式，在这种新范式中，有关个体价值的创造会成为核心，知识型员工和新生代员工将更关注个体价值的实现，自主和独立性；需要管理去中心化，激发个体价值创造活力，使人力资源走向人力资本。

2. 通过学习型组织的构建与实践，创造知识和创新型组织

如有些学者断言，21世纪组织人力资源将面临的挑战之一，即知识型员工的短缺。而金哲等80多位学者所编写的《21世纪预测》更是断言："21世纪的企业将是学习组织型企业，即知识型企业。"1997年，在世界管理大会，300多位经济学、管理学专家则明确提出："未来时代最成功的公司，将是那些建基于学习型组织的公司。"据资料显示，20世纪末，在美国排名前25的企业中，80%的企业按照"学习型组织"模式改造自己，世界排名前100家企业中已有40%按"学习型组织"模式进行彻底改造。改造的效果如下：1994—1997年连续4年入围"世界500强"的前10名企业均为学习型企业，而且研究表明，无论是利润绝对数还是销售利润率，学习型企业都比等级权力控制型企业高出30多倍。因此，面对创新将是未来组织可持续发展唯一选择，但组织又将面临知识型员工的短缺矛盾，学习型组织的建立与实践，必将成为组织人力资源战略的不二选择。

3. 充分利用互联网优势，实施开放式人力资源利用战略

值得提出的是，在网络知识经济时代，人力资源服务外包和众包等形式，不失为组织在人力低成本战略的现实选择。例如，美国的软件业，利用印度的低人力成本，通过远程控制的方式，把业务外包给印度组织；而众包则是通过互联网的人才集聚功能，组织把一些研发创新任务发布到特定的网站，再由这些网络上的跨领域专家自发形成团队解决组织的问题，许多国际大型组织（如宝洁、IBM和宝马等）都是众包这种人力资源服务的受益者。正是基于这种知识的无边界性，以及全球互联的时代特征，在未来，人力资源外包和众包，将成为组织的一些服务功能和跨领域的研发创新任务等重要的战略选择。

三、大数据时代背景下的人力资源战略与规划

（一）大数据的主要特征

"国际数据公司（IDC）从大数据的四个特征来对其进行定义：即海量的数据规模（Volume）、快速的数据流转（Velocity）、多样的数据类型（Variety）、巨大的数据价值

（Value）。大数据的核心能力，是发现规律和预测未来。"① 我们认为，通过四个"V"，能够更好地把握大数据的特征。

1. Volume——数据量大

人类进入信息社会以后，数据以自然方式增长，其产生不以人的意志为转移。随着移动互联网的快速发展，人们已经可以随时随地、随心所欲发布包括博客、微博、微信等在内的各种信息。以后，随着物联网的推广和普及，各种传感器和摄像头将遍布人们工作和生活的各个角落，这些设备每时每刻都在自动产生大量数据。

综上所述，人类社会正经历第二次"数据爆炸"（如果把印刷在纸上的文字和图形也看作数据的话，那么人类历史上第一次"数据爆炸"发生在造纸术和印刷术发明的时期）。各种数据产生速度之快，产生数量之大，已经远远超出人类可以控制的范围，"数据爆炸"成为大数据时代的鲜明特征。

2. Variety——数据类型繁多

大数据的数据来源众多，科学研究、企业应用和 Web 应用等都在源源不断地生成新的数据。生物大数据、交通大数据、医疗大数据、电信大数据、电力大数据、金融大数据等都呈现出"井喷式"增长，所涉及的数量巨大，已经从 TB 级别跃升到 PB 级别。

大数据的数据类型丰富，包括结构化数据和非结构化数据，其中，前者占 10%左右，主要是指存储在关系数据库中的数据；后者占 90%左右，种类繁多，主要包括邮件、音频、视频、微信、微博、位置信息、链接信息、手机呼叫信息、网络日志等。

如此类型繁多的异构数据，对数据处理和分析技术提出了新的挑战，也带来了新的机遇。传统数据主要存储在关系数据库中，但是，在类似 Web 2.0 等应用领域中，越来越多的数据开始被存储在非关系型数据库（Not Only SQL，NoSQL）中，这就必然要求在集成的过程中进行数据转换，而这种转换的过程是非常复杂和难以管理的。传统的联机分析处理（On-Line Analytical Processing，OLAP）和商务智能工具大都面向结构化数据，而在大数据时代，用户友好的、支持非结构化数据分析的商业软件也将迎来广阔的市场空间。

3. Velocity——处理速度快

大数据时代的很多应用都需要基于快速生成的数据给出实时分析结果，用于指导生产和生活实践。因此，数据处理和分析的速度通常要达到秒级响应，这一点和传统的数据挖掘技术有着本质的不同，后者通常不要求给出实时分析结果。

为了实现快速分析海量数据的目的，新兴的大数据分析技术通常采用集群处理和独特

---

① 姚树春，周连生. 大数据技术与应用[M]. 成都：西南交通大学出版社，2018：5.

的内部设计。以谷歌公司的 Dremel 为例，它是一种可扩展的、交互式的实时查询系统，用于只读嵌套数据的分析，通过结合多级树状执行过程和列式数据结构，它能做到几秒内完成对万亿张表的聚合查询，系统可以扩展到成千上万的 CPU 上，满足谷歌上万用户操作 PB 级数据的需求，并且可以在 2~3s 内完成 PB 级别数据的查询。

4. Value——价值密度低

大数据虽然看起来很美，但是价值密度却远远低于传统关系数据库中已经有的那些数据。在大数据时代，很多有价值的信息都是分散在海量数据中的。以小区监控视频为例，如果没有意外事件发生，连续不断产生的数据都是没有任何价值的，当发生偷盗等意外情况时，也只有记录了事件过程的那一小段视频是有价值的。但是，为了能够获得发生偷盗等意外情况时的那一段宝贵的视频，人们不得不投入大量资金购买监控设备、网络设备、存储设备，耗费大量的电能和存储空间，来保存摄像头连续不断传来的监控数据。

如果这个实例还不够典型的话，那么可以想象另一个更大的场景。假设一个电子商务网站希望通过微博数据进行有针对性的营销，为了实现这个目的，就必须构建一个能存储和分析新浪微博数据的大数据平台，使之能够根据用户微博内容进行有针对性的商品需求趋势预测。愿景很美好，但是现实代价很大，可能需要耗费几百万元构建整个大数据团队和平台，而最终带来的企业销售利润增加额可能会比投入低许多，从这点来说，大数据的价值密度是较低的。

（二）大数据时代背景下的组织人力资源挑战

在人力资源领域，大数据将给组织带来全新的机遇和挑战，主要包括以下内容。

首先，大数据正在改变组织人力资源管理的现实环境。以前，组织在进行人力资源管理实践时，总是以相对静止的视角看问题，而在大数据时代，组织每天都能获得海量数据。组织管理人员处在一个数据的"海洋"，大数据也使管理者和员工双方处于更加"透明"的状态，"信息不对称"产生的管理困境将因大数据而得到改善。

其次，人力资源管理的传统思维和手段将被"颠覆"。大数据是一种不可忽视的冲击旧有思维模式的新浪潮，势必给组织人力资源管理带来一场思维和方法的革命。例如，对组织人力资源管理准确的可预见性和决策性，迅速准确的行动，等等。在大数据环境下，组织人力资源部门和专业人员的价值，将从后台服务发展为业务部门的合作伙伴和业务驱动者，进而成为组织的价值创造者。

最后，大数据将重新定义组织管理者的技能素质。这体现为管理者一方面需要具备"大数据思维"和"透明"的管理理念，另一方面则需要管理者具备预测数据和洞察变化的技能，以及由此做出迅速反应的能力。这意味着，组织管理人员都将成为一定程度的数据专家，需要有数据的敏感性和洞察力，并把这种对数据的理解和意义认知，转变为组织的管理效率和价值实现。

（三）大数据时代背景下的组织人力资源战略与实践

1. 基于大数据提升组织人力资源战略与规划的精确性和灵活性

无疑，大数据技术将作为组织人力资源战略与规划的必然选择。

首先，从精确性方面来说，可以利用大数据的精确预测能力，提升组织人力资源规划的科学性和有效性。在大数据相关技术产生之前，传统人力资源信息系统和分析软件只能提供并分析结构化数据；大数据技术产生后，则可以获取并分析大量的非结构数据，如图文、音频和文本数据等，甚至可以做到即时获取即时分析，如此便可以对人力资源战略和规划进行精确的数据化预测与分析。借助大数据技术，组织不仅可以有效测量和分析人力资源管理效果，而且能够更精确地掌握其人力资源发展趋势，为组织人力资源战略和规划及其实践提供深入全面的决策依据，进而提升组织人力资源战略与规划的精确性和有效性。

其次，利用大数据动态实现性技术，提升组织在不确定性和易变性商业环境中，组织人力资源战略与规划的灵活性和应变性。在迅速变化的环境中，组织人力资源战略与规划向短期化转变，事实上也是向灵活性和应变性转变，这种转变的前提是，组织掌握了内外部环境的实时数据流，进而迅速做出预测和战略调整，并采取相应的行动策略。而人力资源战略与规划的这种灵活性和应变性，将随着大数据技术的成熟和应用变成现实。

总之，利用大数据几乎可以把一切量化的能力，数据动态捕获和分析的能力，及其预测性的核心功能，实现对组织内外部环境和人力资源活动的实时监测与预测，实现组织人力资源战略的精准有效预测和动态灵活性。

2. 通过围绕大数据技术人力资源软实力建设，建立组织竞争优势

世界各国和各类组织在进行大数据优势建设的竞赛过程中，已经竞相在大数据技术研发、硬件设施和系统建设等基础性工作各自发力。然而，这些技术和系统效用的发挥，则离不开围绕大数据技术人力资源软实力的建设与提升，也即大数据人才队伍的建设与培养。甚至可以说，大数据的获取和开发，将成为制约组织基于大数据技术获得人力资源竞争优势的制约。普华永道最近发布的一份报告指出，随着技术的发展，企业员工也接触和运用了越来越多的技术设备进行学习，数据分析将成为企业知识员工必备的技能。因此，首席数据官和大数据团队开发培养，将成为组织人力资源核心竞争力的关键所在。

当前，作为一个新兴的研究领域，大数据研究横跨多个学科，这方面的复合型人才非常稀缺，特别是在中国，在这样的情况下，组织为了抢占大数据技术人才的制高点，世界各国有实力的组织都在采用高投入的人力资源战略，外部吸引和内部开发并重。而对于实力相对较弱的组织来说，只能退而求其次，通过发挥人才团队整体共同效能来减小差距，采用差异化的人力资源战略，保持在这场基于大数据技术的核心竞争力提升竞赛中，不至于出局。总之，不管组织实力如何，未来组织一定是数据驱动型的组织，这就要求组织必须把数据人才的获取和开发上升到战略层面，以求得组织未来的竞争优势。

3. 基于大数据技术的组织人力资源实践理念转变和模式的革新

随着大数据技术在组织人力资源实践中的应用，组织人力资源部门和专业人员，其角色和作用也在相应转变，已经由原来的职能角色，向更加具有战略意义的业务伙伴转变，并成为组织价值创造者。这主要表现在基于大数据的人力资源管理思维模式、大数据技术对组织人力资源管理系统的优化和大数据技术在组织人力资源管理各个实践环节的渗透。

首先，基于大数据的人力资源实践思维模式转变。舍恩伯格和库克耶指出，大数据颠覆了千百年来人类的思维惯例，改变了人类的认知和与世界交流的方式。因此，组织人力资源战略规划及其实践的思维模式被颠覆：人力资源领域"大数据思维"的转变，主要包括以下几点。①人力资源专业人员要树立大数据思维。这体现在不仅需要战略上具备对人才需求变动的洞察力和前瞻性，还需要对日常管理工作具备更高敏感性、专注力和创新思维的能力，并向员工培训和灌输大数据思维，形成全方位立体式的大数据思维。②将大数据人力资源视为企业管理中的核心生产要素。基于大数据技术，组织可以动态获取和处理组织人力资源实践本身，或与人力资源实践相关的组织运营管理中的各类海量信息，如员工效能与行为表现、人工成本、人力资本投资回报率、员工满意度、人力资源内外部环境与政策变化等，进而这些丰富的人力资源少量数据视为组织的战略核心资产，运用于组织运营管理以产生组织高绩效和长久竞争优势。③人力资源专业人员基于大数据的特征，进行人力资源决策从"经验+感觉"向"事实+数据"的思维模式转型。通过对组织人力资源及其相关的海量信息的开发和利用，对于组织人力资源决策，特别是人力资源战略和规划决策，从以往"经验+感觉"向"事实+数据"的思维模式转型，以提高组织人力资源决策的效率和正确性。④预见性地确立以人为本的大数据战略方针，通过大数据解决组织人的问题。正如舍恩伯格和库克耶指出的那样，大数据的核心是预测，而人力资源战略与规划的重要职能之一，即在预测基础上满足组织特定时期的人力资源需求，也即解决组织人的问题。

其次，基于大数据的组织人力资源系统优化方面，助推人力资源大数据思维模式及其实践。由于大数据的基础是海量信息的获取与分析，所以，基于大数据的组织人力资源系统建构与优化，是组织实施人力资源大数据思维模式及其实践的前提。具体来说，大数据将使组织人力资源管理系统向以下三大趋势发展。①人力资源管理系统运用的泛互联网化，即人力资源管理系统将具有广泛的数据接口，可以对接来自互联网的各种结构化、半结构化及非结构化数据。②人力资源管理系统将为组织人力资源管理工作提供更加全面的量化参考。通过人力资源核算或人才测评分析等方法，真正体现人力资本的概念，为人力资源管理提供具有战略预判能力的分析成果。③人力资源管理系统将为优化组织架构，实现扁平化的人员管理及员工服务创造更加有利的条件。随着大数据在组织人力资源和运营管理中的运用，将打破传统的组织模式，产生更多的交互性数据，改变组织与员工之间的信息不对称性，有助于员工更好地参与组织经营管理决策，建立更加规范的工作流程。

最后，通过大数据技术在人力资源管理各个环节的渗透，将改变传统的组织人力资源实践过程，真正实现人力资源循证式（Evidence-Based）管理。具体来说，在投资效益方面，通过数据分析可以评价人力资源成本的水平、结构及价值；在人力配置方面，数据分析可以实现定岗定编分析及人才质量与人才盘点分析等；在人力资源运营方面，数据分析有助于薪酬水平内外部分析与量化诊断、绩效管理结果与成效分析、招聘成效分析、员工流动分析、培训管理效率指标及培训成效数据分析；在人才管理方面，数据分析可以测评员工满意度与敬业度、雇主价值与留才指数、胜任力模型与人才评测等；在人力资源价值衡量方面，数据分析可以对人力资源运行效率、人力资源管理效力、人力资源战略职能价值进行评价。因此，通过大数据技术在人力资源各个实践环境的应用，以及数据、事实、分析方法、科学手段、有针对性的评价及准确的评价性研究或案例研究，为组织人力资源建议、决策、实践及结论提供支持。

总之，大数据将在战略层面改变传统的人力资源实践思维模式，在实践层面上则表现为通过大数据技术，组织人力资源管理系统可以达到优化协同，以及人力资源管理各个环节的精确化，将真正实现组织高绩效人力资源系统。

参考文献

［1］ 曾阅. 人力资源规划及人才队伍建设的思考［J］. 管理观察，2019（34）：32-33.

［2］ 陈以槐. 谈战略性人力资源规划理论［J］. 企业家天地，2013（12）：47-49.

［3］ 程美玲. 企业人力资源规划的要点探析［J］. 人才资源开发，2014（10）：49-50.

［4］ 仇丹丹. 浅析人力资源规划外部环境分析的要素［J］. 农家参谋，2018（13）：267.

［5］ 戴丽莉. 企业人力资源战略选择和系统设计方案［J］. 人力资源，2020（12）：142-143.

［6］ 付蕾. 人力资源战略管理研究综述［J］. 哈尔滨职业技术学院学报，2016（01）：122-124.

［7］ 巩林. 企业战略、企业文化与人力资源战略［J］. 合作经济与科技，2020（14）：116-117.

［8］ 关瑞笑. 人力资源战略规划对现代企业的意义分析［J］. 营销界，2021（35）：142-143.

［9］ 洪亮. 战略人力资源规划［J］. 中国外资，2008（02）：74-76.

［10］ 洪姝. 人力资源规划与人力资源规划的执行保障［J］. 人力资源管理，2015（12）：40-41.

［11］ 汲晓冬. 战略视角下的员工培训分析［J］. 人力资源，2021（10）：140-141.

［12］ 李鹏鸿. 浅论人力资源战略及其在企业生存发展中的作用［J］. 中国集体经济，2016（33）：130-132.

［13］ 刘春艳. 人力资源规划制定原则［J］. 中国高新区，2017（12）：180.

［14］ 刘菁. 企业战略和人力资源战略的协调发展分析［J］. 企业改革与管理，2017（02）：73.

［15］ 刘伟. 探究企业战略和人力资源战略的协调发展［J］. 时代金融，2017（11）：147.

［16］ 刘雪. 企业人力资源规划的常见问题及对策分析［J］. 商业文化，2022（05）：78-80.

[17] 罗晓芳. 企业人力资源规划与绩效考核管理 [J]. 东方企业文化, 2021 (S2): 93-94.

[18] 梅林. 企业人力资源规划浅析 [J]. 现代营销 (下旬刊), 2015 (02): 62-63.

[19] 裴敏雅. 如何有效开展人力资源规划 [J]. 人力资源, 2022 (20): 152-154.

[20] 谯涵丹. 论人力资源规划的重要性 [J]. 科学咨询 (科技·管理), 2015 (07): 21-22.

[21] 戎翊民. 人力资源管理的战略作用 [J]. 现代国企研究, 2015 (22): 85-86.

[22] 孙显岳. 人力资源战略规划的制定与执行 [J]. 人力资源管理, 2013 (10): 87-90.

[23] 谭翔. 企业人力资源规划的特点及问题研究 [J]. 北方经贸, 2016 (06): 160-161.

[24] 唐娟. 企业人力资源规划的策略分析 [J]. 商, 2015 (12): 43.

[25] 唐亮. 人力资源规划理论研究 [J]. 商场现代化, 2015 (24): 80-81.

[26] 唐云. 企业人力资源规划的制定与实施 [J]. 昆明冶金高等专科学校学报, 2016, 32 (02): 88-92.

[27] 万希. 人力资源战略规划的发展及编制 [J]. 中国人力资源开发, 2008 (12): 33-35.

[28] 王平, 赵峰. 人力资源规划及其实施步骤研究 [J]. 中国市场, 2015 (33): 221-222.

[29] 蔚培英. 浅谈人力资源规划的作用 [J]. 财会学习, 2019 (23): 177.

[30] 魏博, 李波, 刘岩, 等. 企业人力资源规划编制要点研究 [J]. 现代国企研究, 2016 (20): 41.

[31] 吴玲. 关于人力资源规划及其实施步骤研究 [J]. 中外企业家, 2019 (05): 76.

[32] 武晓慧. 企业人力资源规划及绩效考核管理 [J]. 现代企业文化, 2022 (35): 139-141.

[33] 肖宏珏. 浅议企业人力资源战略规划的编制方法 [J]. 中国商论, 2017 (07): 126-127.

[34] 于莉莉. 企业加强人力资源规划管理的途径 [J]. 人力资源, 2020 (14): 67-68.

[35] 张桂志. 人力资源战略的规划建设与实施 [J]. 产业与科技论坛, 2010, 9 (06): 251-253.

[36] 张洁. 基于企业战略的人力资源规划研究 [J]. 商展经济, 2022 (23): 140-142.

[37] 张志贞. 论企业人力资源规划的重要性 [J]. 内蒙古统计, 2020 (02): 49-51.

[38] 甄文. 人力资源规划概述 [J]. 中外企业家, 2016 (12): 134.